롯 마지막 때
    놀부의 향

롯: 마지막 때 몰약의 향

ⓒ 이스라엘 박, 2024

초판 1쇄 발행 2024년 4월 9일

지은이   이스라엘 박
펴낸이   이기봉
편집   좋은땅 편집팀
펴낸곳   도서출판 좋은땅
주소   서울특별시 마포구 양화로12길 26 지월드빌딩 (서교동 395-7)
전화   02)374-8616~7
팩스   02)374-8614
이메일   gworldbook@naver.com
홈페이지   www.g-world.co.kr

ISBN   979-11-388-2948-9 (03230)

이방인과 이스라엘의 예언적 그림

룻 마지막 때 몰약의 향

written by
이스라엘 박

덮어 주심 l 기름 부으심 l 갈망함 l 정체성

좋은땅

추천사

와! "**룻: 마지막 때 몰약의 향**" 얼마나 놀라운 제목인가? 성경은 몰약이라는 주제에 대해서 잠잠하지 않는다. 특히 하나님과의 친밀함과 신부의 마지막 때의 여정을 보여 주는 아가서의 신부는 그녀의 사랑하는 자를 몰약 향낭처럼 품고 있으며(아 1:13), 자아 죽음의 몰약의 산과 중보의 유향의 산으로 가겠다고 결단을 한다(아 4:6). 이 책은 하나님과의 친밀함과 그분의 마지막 때의 계획이 서로 엮어져 있는 그림을 보여 준다. 이 책에서, 이스라엘 박은 룻기를 아가서와 연결지어 풀고 있다. 룻의 여정을 통해서, 그는 아가서에 반영된 예언적 여정을 묘사한다.

2023년 5월, "이사야 62장 글로벌 21일 금식성회"가 있었고 전 세계에서 최소 500만 명이 마지막 때에 이스라엘을 위한 중보자로 서기로 헌신했다. 이것은 분명히 전 세계 많은 이스라엘의 중보자들이 일어나도록 하는 촉매제의 역할을 하게 될 것이다. 마지막 때 주님은 예루살렘이 회복될 때까지 잠잠치 아니하실 것이라고 말씀하셨다. "**나는 시온의 의가 빛 같이, 예루살렘의 구원이 횃불 같이 나타나도록** 시온을 위하여 잠잠하지 아니하며 예루살렘을 위하여 쉬지 아니할 것인즉"

(이사야 62:1). 그리고 주님은 이 일을 성취하시기 위해 주야로 주님으로 기억하시게 하는 자들을 찾으실 것이다. **"예루살렘이여, 내가 너의 성벽 위에 파수꾼을 세우고 그들로 하여금 주야로 계속 잠잠하지 않게 하였느니라 너희 여호와로 기억하시게 하는 자들아 너희는 쉬지 말며 또 여호와께서 예루살렘을 세워 세상에서 찬송을 받게 하시기까지 그로 쉬지 못하시게 하라"** (이사야 62:6-7). 주님은 룻과 같은 사람들을 일으키실 것이다.

나는 2013년도부터 이스라엘 박 선교사와 그의 가족을 알고 지냈다. 그는 4년 동안 International House of Prayer University에서 마지막 때와 하나님과의 친밀함에 대해 공부했고, 3년간 "마지막 때 150장 성경연구센터(Center for Biblical End Time studies)"에서 소그룹 리더로 섬기며 하나님의 마지막 때의 나래티브를 사람들이 이해할 수 있도록 도왔다. 이스라엘 박 선교사는 한국 사역부의 리더십 팀에서 수년간 충실히 섬겨 왔다. 그는 10년 넘게 꾸준히 새벽 6시부터 정오까지 기도실을 지켜 왔으며 매주 금요일 새벽에 북한을 위한 중보를 신실하게 해 오고 있으며, 오후에는 세 명의 아이들을 기도실에 데려와 제자양육을 하고 있다. 그의 아내인 Joy는 2004년부터 공동체에 소속되어 있었다. 그녀는 열방 기도실(All Nations Prayer Room) 한국어 세트 예배 인도자와 통번역 팀장으로 섬기고 있으며 기도운동에 헌신되어 있다. 또 이스라엘과 조이 박 선교사 부부가 기도운동 안에서 세 명의 아들들을 키우며 몰약 같은 삶을 추구하는 것을 보는 것은 내게 큰 기쁨이다.

　그의 책은 마지막 때 이스라엘을 위해 기도하는 중보자에 초점을 맞추고 있다. 수백만 명의 중보자들이 열방에서 일어나는 '몰약의 큰 향'이 될 것이다. 나는 많은 사람들이 이 책을 읽고 영감을 받을 것이라고 믿는다. 이 글을 쓰고 있는 지금, 지난해 10월에 시작된 이스라엘과 하마스 간의 전쟁이 거의 120일째 접어들고 있다. 주님의 재림이 다가올수록 이스라엘에 대한 열방의 공격은 더욱 거세질 것이다. 그러나 룻처럼 하나님께서는 이스라엘을 위해 마지막 때에 이방인 중보자들을 일으키실 것이다. 그들은 마음을 다해 예수님을 사랑하고 이스라엘의 구원과 예루살렘을 향한 그분의 영원한 목적을 위해 그분의 열심에 신실하게 함께 할 사람들이 될 것이다(스가랴 8:1-3).

마이크 비클
캔자스시티 국제기도의집 설립자

머리말

    성경은 수많은 여인들의 스토리로 향기처럼 가득하다. 사라, 라합, 데보라, 아비가일, 에스더, 베다니 마리아 등. 모세, 여호수아, 다윗, 사도들 등의 남성들이 대표되는 고대 유대사회에서 여자들의 이야기가 성경에 기록된다는 것은 쉬운 일이 아니기에 더욱 그렇다. 그것도 이방 여인이 성경에 이토록 강조가 되어서 나왔다는 것은 정말로 놀라운 일이 아닐 수 없다. 유대인 에스더는 왕비로서 어떻게 보면 성경 주인공으로 등장할 충분한 이유가 있었던 것 같다. 하지만 룻은 그렇지 않다. 이방인 여인으로서 성경 제목을 가진 유일한 주인공은 바로 룻이다. 유대인 여인으로 성경 제목으로 이름을 올린 유일한 여인이 에스더라면 이방인 여인으로 성경책 제목으로 이름이 올라온 여인은 독보적으로 룻인 것이다. 사라가 열방의 어미였지만 사라서는 없고, 여선지자 데보라가 아무리 능력 있던 여선지자였어도 무려 17권이나 되는 선지서들서 중에 데보라서는 없다. 라합이 이스라엘 백성을 구원해 주는 놀라운 역할을 담당했지만 라합서는 없고, 아비가일의 친절함이 다윗의 마음을 녹였지만 아비가일서는 없다. 신약에서조차도 처녀 마리아가 예수님을 잉태하였지만 마리아서는 없고, 베다니 마리아가 예수님의 마음을 감동시켜서 복음이 전해지는 모든 곳에 이 여인이 한 행동이 전해질 것이라 말씀하셨지만 베다니 마리아서도 없다. 그런데 이방 여인 룻의 이름이 사용되어 룻기가 있다는 사실은 경이로운 일이다.

룻은 모압 여인이었다. 그것도 과부였다. 모압이라는 나라가 어떤 나라인가? 이스라엘의 가장 큰 원수 나라 중에 하나가 아닌가? 역사상 남녀를 불문하고 유대인들에게 무시받았기에 그 어떤 이방인의 이름이 거론될 수조차 없던 유대적 배경에서 룻의 이름이 성경 제목으로 사용되었다는 것은 생각하기 힘든 일이다. 이것이 우연일까? 절대 그럴 리 없다. 하나님이 이것을 원하신 것이다! 그렇다면 하나님은 왜 룻을 그토록 특별하게 보셨을까? 집도 없고, 돈도 없고, 보험도 없었고 자녀도 없었고 그 흔한 친구들도 없던 룻을 말이다. 그녀가 가진 것이라고는 유대인 시어머니 나오미밖에는 없었다. 그 시어머니는 룻보다 더 가진 것이 없을 뿐만 아니라 하나님을 향하여 쓴 마음까지 품었던 외적으로나 내적으로나 소망 없어 보이는 나이 든 여인일 뿐이었다. 하지만, 룻은 나오미를 붙잡았다. 나오미의 상황을 본 것이 아니라 그녀의 하나님을 붙잡은 것이었다(룻 1:14). 바로 이것이 주님의 시선을 사로잡았던 것이다. 주님은 그분의 언약을 기억하시고 그 언약대로 그 백성을 축복하시는 언약에 신실한 하나님이시기 때문이다. 그분은 거짓말하실 수 없는 분이시기 때문이다(히 6:18). 룻은 하나님 보시기에 향기로운 존재였다. 그것도 아주 강력하게 말이다.

성경에서 가장 아름다운 향재료가 있다. 바로 몰약이다. 몰약은 고대사회에서 장례용 향유로 쓰인 아주 값비싼 기름으로 예수님의 죽음, 자아의 죽음을 의미할 때도 쓰인다. 동방 박사 세 사람이 가져온 세 선물 중 하나로 황금과 유향과 함께 몰약이 포함되었다. 나는 룻을 생각할 때마다 몰약이 떠오른다. 룻의 인생은 몰약과 같이 아주 강렬했음이 분명하기 때문이다. 예수님이 유대인으로서 이방인인 우리를 위해 죽으셨다면 이방인 여인으로서 룻은 유대인을 위해 자신을 드렸던 여인이었다. 이 여인의 삶을 통해 당신은 주님이 우리에게 말씀하시고자 하는 숨은 메시지를 듣고 싶지 않은가? 또한 당신은 이 여인의 삶을 통해 하나님께서 이방인인 우리에게 마지막 때 어떻게 이스라엘을 위해 서야 하는지를 알고 싶지 않은가? 그렇다면, 이 책은 당신을 위한 책이 될 것이다. 당신이 이스라엘의 중보자로 서고 싶다면 이 책은 당신을 위해 쓰여진 책이다. 룻처럼 아무것도 없을 때 말이다. 당신은 아무것도 없을 때 가장 향기로운 몰약으로 살아갈 수 있다는 것을 룻을 통해 배울 수 있을 것이다. 주님은 마지막 때 룻과 같은 이스라엘을 위한 이방인 중보자들을 곳곳에서 찾고 계신다. 여기엔 남녀노소가 상관이 없다. 나는 주님이 분명히 그렇게 하고 계신다고 믿는다. 이 책이 당신의 마음을 몰약의 향처럼 피어오르도록 도와주길 소망한다. 주님께서는 마지막 때 몰약의 향 같은 이방인 룻들이 일어나길 갈망하신다. 아무것도 없을 때가 하나님 앞에 진짜로 드러날 때다. 위기는 늘 기회가 된다.

이 책을 마지막 때 몰약의 향같이 자신을 주님께 바친 사랑하는 아내(Joy 미화)와 그녀의 뒤를 잇는 든든한 세 명의 아들들(Noel 믿음, Noah 사랑, Zion 소망)에게 드립니다.

CONTENTS

1부

제1장

몰약의 향

룻은 그를 붙좇았더라 (룻 1:14)

오순절 때 룻기를 읽는 것은 유대인의 전통이다. 왜 모든 유대인들은 오순절 때 룻기를 읽을까? 많은 절기 중에 왜 하필 오순절 때 유대인들은 룻기를 읽을까? 룻기의 전체적인 시대적 배경들과 상황적인 것을 살펴보면 그 답을 찾아갈 수 있다. 주님은 성경 4장밖에 안 되는 룻기에 많은 향기로운 향품들을 숨겨 놓으셨다는 것을 서서히 발견해 가게 될 것이다.

아가서의 신부를 연상시키는 한 사람을 들자면 나는 가장 먼저 룻이 생각이 난다. **"나의 사랑하는 자는 내 품 가운데 몰약 향낭이요"** (아 1:13). 그녀의 삶이 마치 몰약의 향을 생각나게 하기 때문이다. 또한 아가서 4장 6절에서 신부가 결단을 하는 장면은 마치 룻기 1장에서의 룻의 결단을 상기시키기 때문이다. **"날이 기울고 그림자가 가기 전까지 내가 몰약산과 유향의 작은 산으로 가리라"** (아 4:6). 예수님은 그런 룻과 같은 신부의 아름다움을 보고 이렇게 칭찬하신다. **"나의 누이, 나**

의 신부야 네 사랑이 어찌 그리 아름다운지 네 사랑은 포도주 보다 더 낫고 네 기름의 향기는 각양 향품보다 더하구나" (아 4:10). 룻은 자아를 부인하는 몰약산으로 간 것뿐인데, 중보하는 유향의 산으로 간 것뿐인데, 그녀에게 풍성하게 결실되는 것은 각양 향품이며 그 향품보다 더 진한 기름의 향기였다. 몰약을 품었던 룻에게도 동일한 기름 부음이 흐르고 있다. 중보자에게는 이런 룻이 가졌던 몰약 기름의 향기가 나야 한다.

유대인들이 룻기를 읽는 오순절은 이런 기름의 풍성함이 나타나는 시즌이라는 것이 우리에게 큰 통찰을 가져다준다. 유대인들로 하여금 주님이 주시고자 하는 것은 마라가 아니라 오순절의 풍성한 기쁨(나오미의 뜻)이라는 것을 주님은 이들로 하여금 새기고 또 새기라고 하시는 것이다. 마찬가지로 주님은 이스라엘을 중보하는 이방인 중보자들에게도 몰약 기름의 향 같은 룻의 삶을 새기고 또 새기라고 하시는 것이다. 4개의 장밖에 되지 않는 이 짧은 성경이 성경에서 그토록 강력한 것은 그 향기가 몰약의 향유같이 강렬하기 때문일 것이다. 기름은 그 양이 적더라도 그 안에 압축된 향을 지니고 있기 때문이다. 룻기 1장 14절 "…룻이 그를 붙좇았더라"라는 이 한 구절의 말씀 속에서 우리는 몰약의 압축된 향유를 맡을 수 있다. 룻의 이 결단에서 우리는 이방인 믿는 자들의 마지막 때 중보의 방향을 본다.

우리는 룻기의 여러 상황적 배경들을 살펴보며 룻기에 숨겨진 의미들이 무엇인지 알아 보려 한다. 룻기의 흐름에서 룻의 결단의 가치를 묵상하고 왜 주님께서 룻을 선택하셨는지 보게 될 것이다. 하나님이 분명히 룻을 선택하셨지만, 룻도 이스라엘(나오미)을 선택하였다는 것은 중요한 포인트다. '룻이 유대인 나오미를 붙좇았을 때' 룻에게 축복이 들어오기 시작했다면 이 룻의 결심을 통해서 우리에게 무언가를 알게 하길 원하시는 것이다. 주님은 한 유대인을 축복한 룻에게 아브라함의 언약(창 12:3; 18:18; 22:18; 26:4; 28:14)에 기록된 **'너를 축복하는 자에게 내가 축복을 내리고'**라는 약속을 이행하신 것이다. 이것은 우리에게 보여 주시는 살아 계신 하나님의 일하심이며, 이 언약이 오늘날 우리에게도 동일하게 역사하기 때문에 룻기 안에 숨은 이 축복의 신비를 찾아보는 것은 룻이 했던 결단만큼이나 중요한 일이 될 것이다.

룻기의 시대적 배경

사사들이 치리하던 때에… (룻 1:1)

주님은 이스라엘이 영적으로 방황하였던 어두운 시기인 사사기 때를 룻기의 시즌으로 잡으셨다. 진짜는 늘 상황이 어두울 때 드러나기 때문이다. 모든 것이 잘되고 풍성한 시기에는 진짜가 누구인지 알 수 없기 때문이다. 주님은 늘 시험을 통해 욥과 다니엘과 에스더 같은 진짜들이 드러나게 하셨다. 룻기의 배경인 사사기 때의 상황은 악이 점점 심해져서 악의 충만함이 이르렀던 시기였다. 그곳엔 이미 음행과 폭력이 극에 달했었고, 우상 숭배가 만연했었다.

…네 집에 들어온 사람을 끌어내라 우리가 그와 관계 하리라 하니…그 사람이 자기 첩을 붙잡아 그들에게 밖으로 끌어 내매 그들이 그 여자와 관계하였고 밤새도록 그 여자를 능욕하다가 새벽 미명에 놓은지라…자기 첩의 시체를 거두어 그 마디를 찍어 열두 덩이에 나누고 그것을 이스라엘 사방에 두루 보내매…이스라엘 자손이 애굽 땅에서 올라온 날부터 오늘까지 이런 일은 일어나지도 아니하였고 보지도 못하였도다 (삿 19:22, 29, 30).
애굽 땅에서 그들을 인도하여 내신 그들의 조상들의 하나님 여호와를 버리고 다른 신들 곧 그들의 주위에 있는 백성의 신들을 따라 그들에게 절하여 여호와를 진노하시게 하였으되 (삿 2:12).

이 시기 사사들의 특징이 있는데 이들은 모두 하나같이 연약한 자들에 불과했다는 것이다. 하나님께서 이런 연약한 자들을 선택하신 이유는 이들의 마음이 가난해져 있었기 때문이었다. 정상적인 오른손 잡이 대신 왼손잡이 에훗을 사용하셨고, 사회적으로 인정받지 못한 여자

드보라를 사용하셨고, 사회적으로 손가락질받는 기생의 아들 입다를 사용하셨고, 실패자 같은 기드온을 큰 용사로 만드셔서 사용하셨다. 기드온은 스스로를 표현하길, "므낫세 중에 극히 약하고 나는 내 아버지 집에서 가장 작은자"라고 말했다. 삼손도 사용하셨지만 그의 머리 카락이 모두 잘리고 감옥에서 겸손해졌을 때야 제대로 사용하실 수 있었다. 주께서 겸손해진 삼손에게 다시 영을 부으셨을 때 가장 강력한 힘을 발휘할 수 있었다. **"삼손이 여호와께 부르짖어…삼손이 죽을 때에 죽인 자가 살았을 때에 죽인 자보다 더욱 많았더라"** (삿 16:30). 중요한 것은 타고난 사람의 힘과 기질이 아니라, 하나님의 영이라는 것이다. **"…만군의 여호와께서 말씀하시되 이는 힘으로 되지 아니하며 능력으로 되지 아니하고 오직 나의 영으로 되느니라"** (슥 4:6). 삼손의 힘의 근원은 자연적인 힘이 아니라, 하나님의 영이 임했을 때 부여받은 초자연적인 힘이었다. **"그의 이름을 삼손이라 하니라…여호와의 영이 그를 움직이기 시작하셨더라"** (삿 13:24-25).

사사들을 가만히 보면, 재미있는 부분들이 있는데 그것은 사사들이 사용한 무기들이다. 사사 삼갈은 소 모는 막대기로 블레셋 사람 600명을 죽였는데 소 모는 막대기로 훈련된 군사 600명을 무찌른다는 것은 인간의 힘을 능가하는 힘이다. 삼손은 나귀 턱뼈로 블레셋 사람 1,000명을 죽였는데 정식 무기도 아닌 나귀 턱뼈로 1,000명이나 죽인 것은 하나님의 부어 주시는 분명한 힘을 나타내는 것이다. 기드온은 나팔,

횃불, 항아리를 사용하여 미디안 군사 12만 명을 죽였다. 하나님은 이렇게 인간의 힘, 지혜가 아닌 그분의 힘과 지혜와 전략을 사용하길 원하시고 그분께 영광이 드러지길 원하신다. 옷니엘에게 하나님의 영이 부어졌을 때 메소포타미아 왕 구산을 이기도록 하셨다. **"여호와의 영이 그에게 임하셨으므로…옷니엘의 손이 구산 리사다임을 이기니라"** (삿 3:10). 기드온에게 하나님의 영이 부어졌을 때 기드온이 나팔(쇼파 shofar)을 불기 시작하고, 미디안과의 전쟁 때 기드온 용사 300명이 미디안 진영을 행해 나팔을 불 때 미디안을 물리칠 수 있었다. 횃불과 나팔과 항아리는 상징적인 물건들이다. 나팔은 승리를 상징하고, 횃불은 하나님의 영, 항아리는 원수가 항아리처럼 쉽게 깨어질 것임을 상징한다. 여호와의 영이 함께하실 때 그 앞에 설 것이 없다. 미디안 군사 12만 명이 죽임을 당했다. 승리는 만군의 여호와께로부터 오는 것이다. 여호와의 영이 움직이실 때 하늘의 모든 군대들이 동원되기 때문이다. 하나님은 하늘의 군대와 땅의 군대를 함께 사용하시는 것을 볼 수 있다.

여호와의 영이 기도온에게 임하시니 기도온이 나팔을 불매 아비에셀 족속이 다 모여서 그를 좇고…삼백명이 나팔을 불매 여호와께서 그 온 진영에서 친구끼리 칼로 치게 하시므로… (삿 6:34, 7:22).

사사기 시대의 문제는 이스라엘이 하나님을 반복적으로 버린 것이었다. 이스라엘 사람들은 끊임없이 우상숭배를 하였고 이것으로 하나님은 이스라엘에게 진노하셨다.

이스라엘 자손이 여호와의 목전에 악을 행하여 바알들을 섬기며 애굽 땅에서 그들을 인도하여 내신 그들의 조상들의 하나님 여호와를 버리고 다른 신들 곧 그들의 주위에 있는 백성의 신들을 따라 그들에게 절하여 여호와를 진노하시게 하였으되… (삿 2:11-12).

이스라엘이 반복적으로 하나님을 버릴 때 하나님께서 반복적으로 하신 것은 무엇이었을까? 하나님을 알지 못하는 주변국들인 블레셋, 암몬, 미디안 등을 사용하셔서 그들을 고통으로 압박하여 하나님께 부르짖고 그분께 돌아오도록 하였다.

여호와께서 이스라엘에게 진노하사 노략하는 자의 손에 넘겨 주사…또 주위에 있는 모든 대적의 손에 팔아 넘기시매… (삿 2:14). 이스라엘 자손이 여호와께 부르짖으매… (삿 3:15). 이스라엘이 미디안으로 말미암아 궁핍함이 심한지라 이에 이스라엘 자손이 여호와께 부르짖었더라 (삿 6:6). 이스라엘 자손이 미디안으로 말미암아 여호와께 부르짖었으므로… (삿 6:7). 이스라엘 자손이 여호와께 부르짖어 이르되… (삿 10:10).

그럴 때마다 하나님께서 하신 일은 그들에게 사사를 보내서서 그들을 구원해 주신 것이었다. 여기서 볼 수 있는 것은 하나님은 이스라엘 사람들을 불타는 질투로 사랑하신다는 것이다. 하나님과 언약을 맺은 하나님의 신부의 나라를 그분께 끈질기게 돌아오도록 하신다는 것이다. 시기와 질투의 다른 점이 있다. 시기는 자기가 아닌 것을 탐하여 가지고자 하는 육신의 정욕이지만, 질투는 자신의 소유였던 것을 잃었을 때 다시 찾고자 하는 열심을 말하는 것으로 마치 잃은 신부를 찾고자 하는 신랑의 불타는 사랑의 마음이다. 하나님은 스스로를 질투하는 하나님이라고 부르시며, 이스라엘 백성들을 향하여 질투하심으로 사랑하신다고 하셨다(신 4:24). 하나님은 언약 백성인 이스라엘을 질투하심으로 심판하셔서라도 그들의 마음을 돌이키고자 하셨다(습 1:18). 하나님은 진노 중에라도 그분의 자비하심을 잃지 않으시고 사사들을 보내셔서 남은 자를 그분에게로 돌아오도록 자비를 베푸신 것을 볼 수 있다. **"여호와께서 사사들을 세우사 노략자의 손에서 그들을 구원하게⋯ (삿 3:15). 여호와께서 이스라엘 자손에게 한 선지자를 보내시니⋯"(삿 6:8).**

롯기의 성경적 위치

　롯기의 성경적 위치를 보면 특별하다. 롯기의 앞부분은 사사기이고, 뒷부분은 사무엘서인데 왕의 시기로 가기 바로 전에 쓰여진 것이다. **"사사들이 치리하던 때에…"** (룻 1:1). 이 뜻은 룻기가 사사기 때를 마치면서, 왕을 소개하는 책이라는 것이다. 왕을 소개하는 책이 룻기다. **"오벳은 이새를 낳고, 이새는 다윗(왕)을 낳았더라"** (룻 4:22).

룻기의 계절적 배경

룻기의 계절적 배경을 보면 보리 추수와 밀 추수 사이에 일어난다. 곧, 초실절과 오순절 사이에 일어났다.

이에 룻이 보아스의 소녀들에게 가까이 있어서 <u>보리 추수와 밀 추수를 마치기까지</u> 이삭을 주우며 그의 시어머니와 함께 거주하니라 (룻 2:23).

보리는 밀 추수 전 먹을 것이 없을 때 경작하는 식물이다. 절기적으로 보면, 초실절의 시기가 보리 추수 때다. 초실절은 부활절이다. 아무도 죽음을 이기고 나오지 못했던 흉년의 때 첫 열매 되신 예수님께서 죽음을 이기고 나오신 첫 열매(초실)가 되신 것이다(레 23:10). 죽은 자들 가운데서 부활의 몸을 입은 첫 열매가 되신 것이다. 예수님은 절기상 유월절에 십자가에 못 박히시고 초실절에 부활하셨다.

밀은 보리와 반대로 풍요를 의미한다. 밀이 추수되면 풍성하게 추수된다. 밀 추수는 절기상으로 오순절이다. 예수님께서 한 알의 밀알이 되셔서 땅에서 죽으셨을 때, 많은 열매를 가져올 수 있었다. 오순절 때 성령의 기름 부음으로 인하여 많은 영혼의 구원이 있었던 것같이 성령의 부으심으로 추수의 풍성함을 가져다주신 것이다. **"내가 진실로 진실로 너희에게 이르노니 한 알의 밀이 땅에 떨어져 죽지 아니하면 한 알 그대로 있고 죽으면 <u>많은 열매</u>를 맺느니라"** (요 12:24).

오순절은 봄절기의 마지막 절기다. 이방인의 충만함을 의미하는 은혜의 때가 열린 것이다. 그리고 위치상 오순절은 가을절기의 시작을 알리는 나팔절을 준비하며 봄절기와 가을절기를 연결하는 절기가 된다. 무교절 때는 죄가 없음을 상징하는 누룩이 들어 있지 않아 납작한 마짜(무교병)를 먹었다면, 이 오순절 때는 하나님의 풍요를 상징하는 누룩이 들어가 부풀린 찰라빵을 먹는다. 찰라빵은 땋은 머리 모양을 한 유대식 빵으로 안식일, 오순절 때 먹는 풍요를 상징하는 빵이다. 마짜의 시기(죄와의 절교)가 없이는 찰라빵(성령 충만)의 시기는 없다. 성령충만은 항상 죄를 완전히 거절하는 마짜의 시기를 거친 후 온다. 세상은 이것을 뒤바꿔 버리려고 할 것이다. 죄의 누룩을 제거해야 할 시기에 누룩이 들어간 유교병을 즐기라고 할 것이고, 성령의 충만을 축하해야 할 시기에 종교의 영으로 묶으려 할 것이다. 사단은 죄로 축제를 벌이라고 하고, 성령의 부으심을 축제할 때 상복을 입으라고 할 것이다. 여호와의 절기 안에서 우리는 하나님의 구원의 탁월함과 신비에 감탄하게 된다. 주님은 유월절의 한 희생으로 전 이스라엘을 위한 구원의 길을 만드셨고, 초실절의 부활의 몸으로 첫 열매가 되셨으며, 오순절의 기름 부음으로 밀 수확의 넘치는 구원의 풍성함을 가져다주신다. 그래서 메시야닉 유대인들은 오순절 때마다 룻기를 읽으며 풍성함의 상징인 유제품과 꿀을 먹고 성령 안에서 밤새도록 찬양한다. 물론 믿지 않는 유대인들도 그 실제 의미를 알지 못한 채 오순절 때 유제품과 꿀을 먹는데, 풍성함의 기쁨을 표현하는 것이다. 아가서에서 예수님은 다음과 같이 고백한다. **"내 신부야, 네 입술에서는 꿀 방울이 떨어지고 네 혀 밑에는 꿀과 젖이 있고…"(아 4:11).** 이 말씀이 의미하는 것은 성령의 기름 부음 받은 자들의 입술의 변화를 말하고 있는 것이다. 성령 충만함은 결국 우리 마음의 변화와 입술의 열매를 가져온다. **"…그 이름을 증거하는 <u>입술의 열매</u>니라" (히 13:15).**

룻기의 혈통적 배경

룻은 모압 여인이었고, 보아스는 라합의 아들이었다. 라합은 여리고성을 정탐꾼이 정탐할 때 도움을 준 그 기생 라합이다. 이 기생 라합의 혈통에서 보아스가 나왔고, 이스라엘을 가장 괴롭혔던 이방나라 중하나인 모압의 여인 룻을 통하여 다윗이 나오고, 그 혈통에서 예수님이 탄생하게 된 것이다. 모두 이스라엘을 도운 이방 여인들의 배에서 부터 왕이 나온 것이다. 특별히 룻기는 소망 없는 이방 여인을 통해서 소망의 왕을 소개하는 책이자, 구원의 풍성함을 미리 알리는 책이며, 이방인과 이스라엘과의 연합을 예언적으로 보여 주는 책이다.

룻의 개인적 상황

룻과 나오미 모두 개인적, 가정적 환경으로 봤을 때 인생 중 가장 밑바닥을 치고 있었을 때였다. 바로 보리 추수의 시기와 같은 때였다. 이스라엘이 불임의 때였던 것처럼, 룻과 나오미는 남편을 잃은 더 이상 생산할 수 없는 불임의 상태였다. 이스라엘에게 필요한 것은 구원자 메시아였던 것처럼, 룻에게 필요했던 것도 구원자이자, 남편인 보아스였다. 이스라엘과 룻이 인생의 가장 밑바닥을 치고 있었을 때(보리 흉년 때) 하나님은 이방 여인의 인생을 던지는 한 번의 결심을 사용하셨다. 소망이 없어 보이던 나오미에게 인생을 던진다고 하는 것은 마치 부도난 회사에 투자하는 것 같은 일임이 분명했다. 최소한 인간의 눈으로 볼 땐 그렇다. 앞이 창창한 젊은 룻은 돈도 없고, 집도 없고, 보험도 없고, 자녀도 없는 대책 없는 늙은 나오미를 선택했기 때문이다. 스스로 절망을 선택한 것처럼 보인다. 나오미의 상황은 모든 역사 가운데의 이스라엘을 상징한다. 더 나아가 마지막 때의 이스라엘을 상징한다. 룻이 이스라엘을 선택했다는 것은 단지 이스라엘을 선택한 것이 아니라 이들을 사랑하시는 그들의 하나님을 통째로 껴안은 것이다. 대책 없는 이방인 여인이 대책 없는 한 유대인 여인을 껴안았을 때 전능하신 하나님은 그들의 대책이 되어 주셨다. 룻은 나오미의 백성과 그녀의 하나님을 목숨 걸고 따를 것을 맹세하였다. 룻과 나오미를 가르는 것은 죽음 외에는 없어 보였다. 룻은 전심으로 나오미를 따르기로 한 것인데, 하나님은 그것을 룻이 하나님께 전심으로 반응하였던 것으로 간주하신 것이다.

룻이 이르되, "내게 어머니를 떠나며 어머니를 따르지 말고 돌아가라 강권하지 마옵소서. 어머니께서 가시는 곳에 나도 가고 어머니께서 머무시는 곳에서 나도 머물겠나이다. 어머니의 백성이 나의 백성이 백성이 되고 어머니의 하나님이 나의 하나님이 되시리니 어머니께서 죽으시는 곳에서 나도 죽어 거기 묻힐 것이라 만일 내가 죽는 일 외에 어머니를 떠나면, 여호와께서 내게 벌을 내리시고 더 내리시기를 원하나이다" 하는지라 (룻 1:16-17).

룻의 인생을 통째로 던진 이 결심은 자아 죽음을 의미하는 몰약의 향과도 같다. 뒤로 돌아갈 다리를 불태워 버리듯이 그녀는 자신이 죽는 일 외에 어머니를 떠나면 여호와께서 자신에게 재앙을 내리셔도 좋다는 '선포적인 고백'을 하기 때문이다. 이것은 목숨을 건 결단이다. 뒤로 돌아갈 생각은 전혀 하지 않는 결단이었다. 이 결단이 룻을 룻 되게 만든 것이다. 룻은 아무것도 없었지만 무모하게 보이는 위대한 담대함을 가지고 있었다. 하나님은 사사기 때 사사들에게도 이와 같은 것을 보시고 이들을 사용하셨듯이, 하나님을 사로잡은 것은 이런 룻의 결단하는 자세였다.

룻과 같은 자들을 일으키신다

하나님께서는 지금도 이런 몰약의 향이 나는 룻과 같은 여인들을 부르신다. 모든 것을 잃었다고 생각할 때가 모든 것을 얻을 수 있는 기회임을 잊지 말아야 한다. 사랑하는 자를 잃은 자, 재정적 위기 가운데 있는 자, 관계적 위기 등의 어둠 속에 있는 자들이라도 소망을 잃어서는 안 된다. 이런 모든 절망의 상황에서 **'더 큰 보아스'** 되신 예수님은 그분을 의지하는 자의 절대적인 소망의 빛이 되신다. "**여호와는 나의 빛이요 나의 구원이시니 내가 누구를 두려워하리요 여호와는 내 생명의 능력이시니 내가 누구를 무서워하리요**" (시 27:1). 이 빛은 한 번에 정오의 빛처럼 비춰지는 것이 아니다. 룻의 삶에서 나타나서서 역사하신 것처럼 아침 서광처럼 나타나신다. 우리가 따르고 결심하는 만큼 그 빛은 점점 더 밝아질 것이다. 룻의 결단과 동시에 상황이 바뀐 것은 아무것도 없어 보였다. 그러나, 동시에 모든 것이 바뀌었다는 것을 룻은 알아채지 못했다. 룻의 결단은 몰약의 산으로 가고자 하였던 아가서의 신부를 떠올린다. **"날이 기울고 그림자가 가기 전까지 내가 몰약산과 유향의 작은 산으로 가리라"** (아 4:6). 가는 곳이 어떤 곳인지 알지 못하는 불확실성 가운데 따라가는 이유는 무엇인가? 사랑에 빠진 자들은 모두 그렇게 한다. 룻의 결단은 가는 곳을 알지 못하는 상황에서 내려졌기에 상황과 조건 때문에 내린 결단이 아니라 사랑 때문에 내린 결단이었기에 더욱 향기로운 가치가 있다. 어찌 보면 룻이 사랑했다는 것이 쉽게 안 보일 수도 있다. 하지만 룻은 분명히 나오미의 이스라엘의 하나님을 목숨 걸고 따르고 싶은 무언가를 본 것이다. 나오미도 못 보았던 하나님의 크심을 분명 룻은 보았던 것이다. 나오미를 사랑으로 껴안았던 것은 곧 나오미의 하나님 곧 이스라엘의 하나님을 통째로 껴안은 것이었다. 주님은 그분께 소망을 두는 자에게 반드시 축복하리라 약속해 주셨다. **"여호와는 그를 경외하는 자 곧 그의 인자하심을 바라는 자를 살피사"** (시 33:18). 또한 주님은 이스라엘을 축복하는 자에게 축복을 주시겠고 약속하셨다. **"너를 축복하는 자에게는 내가 복을 내리고 너를 저주하는 자에게는 내가 저주하리니 땅의 모든 족속이 너로 말미암아 복을 얻을 것이라 하신지라"** (창 12:3).

제2장

덮어 주심

룻기에 잘 드러나지 않고 숨겨져 있는 부분 중에 하나가 수치심에 관해서다. 남편을 잃은 여인들이 가장 많이 느끼는 감정은 수치심이라고 한다. 자신을 보호해 주고 공급해 주고 인도해 주었던 남편을 잃는다는 것은 모든 것을 잃은 것처럼 느껴졌을 것이다. 특별히 여성이 일자리를 찾기 불가능했던 고대 사회는 더욱 그랬을 것이다. 나오미는 남편과 두 아들을 잃은 상실감 때문에 하나님이 그녀를 버렸다고 느꼈다. **"여호와의 손이 <u>나를 치셨으므로</u>…"** (룻 1:13). 그녀의 이름이 기쁨이라는 뜻을 가진 나오미가 아니라 쓴물이라는 마라로 불러 달라고 하는 장면을 볼 때 우리는 그녀의 감정의 단면을 볼 수 있다. 그녀는 자신을 물리적으로 보호해 주는 커버링 잃어버렸을 뿐만 아니라, 영적으로 보호해 주는 커버링도 잃어버렸다고 느꼈다. 이 감정이 너무나도 실제적인 것이었기에 그녀는 버림받았다는 것을 확신하고 있었다. 하지만, 하나님의 큰 그림 가운데서 그녀는 버림받은 것이 아니라 연단을 받고 있었던 것이다. 우리도 연단 가운데 그런 느낌을 받을 수 있다. 비록 이 감정이 현실적이며 느낌적으로는 사실일지라도 우리는 그 감정이 우리의 미래를 좌지우지하게 해서는 안 된다. 연단 속에 있을 때 감정이 늘 진실을 말해 주지는 못하기 때문이다. 나오미가 느꼈을 법한 깊은 상실감과 절망감은 예수님을 알지 못하는 모든 영혼들이 절망 속에서 느낄 법한 수치심이다. 여인으로서 커버링이 없다는 것은 자신의 부끄러움을 항상 내보이고 다니는 듯한 수치심일 것이다. 그렇기에 수치심은 벗겨졌을 때 느끼는 그런 차원의 감정이다. 아담과 하와가 죄를 범하고 느꼈을 가장 큰 감정이 수치심이었다. 그 때문에 그들은 하나님과의 친밀함을 뒤로하고 숨어 버렸다. "**…내가 벗었으므로 두려워하여 숨었나이다**" (창 3:10).

성령의 기름 부으심

롯기는 수치심에 관한 주제에 대해서 잠잠치 않는다. 유대인들이 매 오순절 절기마다 롯기를 읽는 것은 오순절이 하나님의 임재의 기름 부음 즉 사랑의 기름 부음으로 덮음을 받는 시즌이기 때문이다. 우리는 예수님의 죽음과 합하여 물 침례를 받지만 또한 예수님의 생명과 합하여 성령의 기름 부음으로 덮음을 받는 성령의 침례도 받는다. 침례는 복수로 표기되어(히 6:2, baptisms 침례들) 있으며 물 침례와 성령의 침례가 있다. 물 침례는 그리스도와 함께 죽는 것과 성령으로 씻긴 바 되는 것을 의미하고 성령의 침례는 사랑의 불로 인침을 받는 것과 성령의 기름 부음으로 덮이는 것을 의미한다. 사랑의 기름 부음과 성령의 기름 부음을 받는 것이다. 성령의 침례는 우리가 그리스도의 신부가 되었기에 그분의 보호하심의 커버링을 입는 것이다. 홀로된 여인의 수치심을 덮어 주신다는 뜻이다. 그분의 덮어 주심으로 우리의 수치심은 가려졌다. 인치심을 받는다는 표현에서 알 수 있듯이 그분께서 성령을 통해서 우리가 그분의 소유임을 표하는 것이다. 성령의 인치심은 우리가 그분의 소유 곧 신부가 되었음을 생명책에 기록하고 우리 마음에 새겨 주시는 것이다. "…그 안에서 또한 믿어 약속의 **성령으로 인치심을 받았으니**" (엡 1:13). "**저가 또한 우리에게 인치시고 보증으로 성령을 우리 마음에 주셨느니라**" (고후 1:22; 고후 5:5). 우리는 그리스도의 신부로서 성령의 덮어 주심을 받는다.

오순절은 우리의 옛사람의 수치심이 성령의 침례로 씻긴 바 되고 덮인 바 된 날이다. 신부라는 새로운 정체성이 부어진 날이다. 친밀함의 기름 부음이 부어진 날이다. 수치심이 사라질 때 우리 마음의 돌파가 일어나는데 주님께서 그분의 풍성한 사랑을 성령을 통해 우리 마음에 부어 주시기 때문이다. "…**우리를 부끄럽게 하지 아니함은 우리에게 주신 성령으로 말미암아 하나님의 사랑이 우리 마음에 부은바 됨이니**…" (롬 5:5).

룻과 나오미의 수치심이 보리 추수 때(초실절 또는 부활절)와 밀 추수(오순절) 사이인 50일 만에 사라진 것이다. '순'이라는 것은 10일을 뜻하고 그 순이 다섯 개가 있다는 의미에서 '오순'이라 불리는데, 부활절부터 시작해서 오순절까지가 50일이기 때문이다(레 23:16). 유대인들은 이 기간을 오메르 카운트(Counting of the Omer, 오메르는 곡식을 묶는 측량단위다.)라 부르며 **7가지 주제**를 가지고 7주의 묵상의 시간을 보낸다고 한다. **1주-사랑; 2주-능력; 3주-아름다움; 4주-승리; 5주-겸손; 6주-기초; 7주-위엄.** 이들은 예수님의 이름을 알지도 못한 채 오실 메시아의 아름다움과 능력을 묵상하며, 왕 되신 메시아를 바라보며 그분께 가까이 나아가는 시간으로 사용하였다.

오메르 카운트의 7주의 묵상과 기다림의 시간이 지나고 성령의 기름 부음이 부어지면, 더 이상 뒷걸음치는 것이 아니라, 더 이상 수치심으로 얼굴을 가리는 것(창녀의 행동을 상징하는)이 아니라, 수치심을 덮어 주실 영광스런 예수님께 담대히 나아갈 수 있게 되는 것이다. "**그러므로 우리는 긍휼하심을 받고 때를 따라 돕는 은혜를 얻기 위하여 은혜의 보좌 앞에 담대히 나아갈 것이니라**" (히 4:16). 우리가 하나님께 사랑받는 자가 되었다는 확신은 우리 안에 있는 수치심을 눈 녹듯이 녹여 줄 수 있는 유일한 사랑의 불이다. 그래서 오순절날 성령은 불의 형상으로 오신 것이다. "**마치 불의 혀처럼 갈라지는 것들이 그들에게 보여 각 사람 위에 하나씩 임하여 있더니**" (행 2:3).

우리가 룻기에서 또 발견할 수 있는 것은 수치심 가운데 있던 두 여인 나오미(이스라엘)와 룻(이방 믿는 자) 사이의 역동성이다. 나오미(이스라엘)를 따라옴으로 인하여 룻이 어떻게 구원자(보아스)를 만났고, 그 룻으로 인하여 나오미가 회복되는 예언적 그림을 보여 주고 있다. 룻과 나오미는 세상이 말하는 실패자들이었다. 나오미는 그 안에 주님을 원망하는 쓴 뿌리로 가득 채워져 있었다. "…**나를 나오미**(기쁨이란 뜻)**라 부르지 말고 마라**(마라; 괴로움, 쓴물)**라 부르라 이는 전능자가 나를 심히 괴롭게 하셨음이라. 내가 풍족하게 나갔더니 여호와께서 나를 징벌하셨고 전능자가 나를 괴롭게 하셨거늘 너희가 어찌 나를 나오미라 부르느냐? 하니라**" (룻 1:20-22). 나오미가 배운 하나님은 전능하신 하나님이었는데, 그녀의 삶에서는 무능하신 하나님처럼 느껴지고 경험됐다. 그분은 선하신 하나님이라고 배웠는데 그녀의 삶에서는 괴롭게 하시는 하나님처럼 느껴졌다. 사람은 보통 머리로 아는 것보다 느껴지는 것을 사실처럼 더 느끼는 경향이 있다. 나오미는 그녀의 이름처럼 기쁨이 넘칠 줄 알았는데, 하나님이 그녀의 개인 삶에 가져오신 것은 기쁨이 아니라 쓴 괴로움이었다. 남편도 잃고, 두 아들도 잃고, 육체의 힘, 경제적 능력, 대를 이어 나갈 수 있는 힘도 모두 잃었다. 나오미는 인생의 노년기에 절망과 수치심과 하나님을 원망하는 마음까지 겹치면서 삶의 모든 기쁨을 잃게 되었다. 그녀는 하나님을 원망하고 있었지만, 하나님 외엔 다른 갈 곳이 없었다. 그녀는 일어나 다시 이스라엘로 돌아가려 했다. 양식을 주셨기 때문에 돌아간 것이라 기록하고 있지만 하나님은 나오미가 고향으로 돌아갈 상황을 만드신 것이다. 고토로 돌아갈 때 회복이 일어난다.

그 여인이 모압 지방에서 여호와께서 자기 백성을 돌보시사 그들에게 양식을 주셨다 함을 듣고…일어나…돌아오려하여… (룻 1:6).

예언적 스토리

룻기에서의 주인공이 누구일까? 룻기라는 이름을 보면 룻이 주인공이지만, 룻을 제외한 모든 등장인물들이 가장 중요한 보아스와 나오미까지 모두 유대인인 것을 보면 주인공은 예수님의 예표 보아스와 그 민족들이다. 하지만 그 책 이름을 룻기라고 한 것은 우리에게 어떤 메시지를 주기 위한 것이라 생각된다. 하나님은 룻과 같은 이스라엘을 위해서 함께 서는 이방인들이 일어나길 강조하고 싶으셨던 것이다. 여기서 우리가 중요하게 생각하고 가야 할 몇 가지 포인트들이 있다. 나오미의 도움이 없었더라면 룻은 자신이 마땅히 해야 할 일을 알지 못했을 것이다. 나오미(이스라엘)는 룻에게 보아스(메시아의 예표)에게 나아갈 수 있는 지혜를 풀어 준다. 나오미가 없었더라면 룻은 보아스에게로 나아갈 수 없었을 것이다. 이스라엘이 없었다면 이방 믿는 자들은 메시아 되신 예수님께로 나아갈 수 없었을 것이다. 룻이 나오미를 축복하는 듯 보이지만 더 큰 축복은 룻 자신이 더 받고 있는 것을 볼 수 있다. 이것은 마지막 때 열방이 이스라엘을 축복할 때 받는 예언적인 그림을 보여 주는 것이다. 주님은 이스라엘을 축복하는 열방에게 다시 이스라엘을 통해 그들에게 축복을 돌려주시는 예언적 패턴을 룻기에서 보여 주신다. 보아스는 룻(이방인 믿는 자)에게 보리 여섯 되를 주며 시어머니 나오미에게 빈손으로 가지 말 것을 말해 주고 있다. **"그(보아스)가 내게(룻) 이 보리를 여섯 번 되어 주며 이르기를 빈 손으로 네 시어머니(이스라엘)에게 가지 말라" (룻 3:17).** 이것은 이스라엘이 메시아를 전해 줌으로 영적으로 열방을 섬긴 것같이, 이방인들도 물질적으로 이스라엘을 섬기게 될 것을 말하는 것이다. 이방인 믿는 자들은 유대인들을 위해서 끝까지 함께 서게 될 것이다. 이방인 고레스 왕은 이스라엘을 위한 조서를 만듦으로써 법적으로 후원하였고, 이들이 예루살렘으로 가도록 재정적으로도 후원했다. 이방인인 고레스 왕이 재정을 후원했을 때, 이스라엘은 하나님께서 그들을 공급해 주시고 보호해 주시는 그들의 하나님인 줄 깨달았다.

여호와께서 그의 기름 부음을 받은 고레스에게…네게 흑암 중의 보화와 은밀한 곳에 숨은 재물을 주어 네 이름을 부르는 자가 나 여호와 이스라엘의 하나님인 줄을 네게 알게 하리라 (사 45:1, 3).

이와 같이 나오미도 보아스가 양식을 공급함으로 후원했을 때 하나님이 그녀를 돌보시는 하나님임을 다시 서서히 경험하게 되었다. 보아스를 통해 일하시는 하나님을 보게 되고 그녀의 말이 바뀌는 것을 보게 된다. **"이에 시어머니가 이르되, '내 딸아 이 사건이 어떻게 될지 알기까지 앉아 있으라 그 사람이 오늘 이 일을 성취하기 전에는 쉬지 아니하리라 하나라"** (룻 3:18). 나오미는 이제야 하나님이 그녀에게 살아있는 소망의 하나님임을 인지하기 시작했다. 하나님은 죽은 하나님이 아니라, 문자적으로만 선하신 하나님이 아니라 그녀의 개인적인 삶에도 개입하시는 살아 계신 하나님이심을 감지하기 시작한 것이다. 이것은 더 나아가 재림 후 이방인이 이스라엘을 영적으로, 물질적으로 섬길 것을 예표하고 있다. 이는 예수님께서 예루살렘의 보좌에서 다스리고 있기 때문이다. 이사야 선지자는 천년왕국 때 열방이 재물로 이스라엘을 섬기게 될 것을 예언하고 있다. **"…바다의 부가 네게로**(예루살렘으로) **돌아오며 이방 나라들의 재물이 네게로 옴이라"** (사 60:5). **"네 성문이 항상 열려 주야로 닫히지 아니하리니 이는 사람들이 네게로 이방 나라들의 재물을 가져오며…"** (사 60:11). 이스라엘(나오미)은 소망이 없을 때에 이방 믿는 자(룻)의 중보를 통해, 메시아(예수님)를 만나게 될 것이다. 마지막 때 룻 같은 이방인 중보자들을 통해 나오미 같은 이스라엘은 생명의 회복자인 메시아를 보게 될 것이다.

수치심의 뿌리는 사랑으로 제거된다

…우리를 부끄럽게 하지 아니함은 우리에게 주신 성령으로 말미암아 하나님의 사랑이 우리 마음에 부은바 됨이니… (롬 5:5).

룻과 나오미가 수치심 가운데 사는 것을 하나님은 절대 원하지 않으셨다. 하나님은 우리도 수치심 가운데 사는 것을 원치 않으신다. 하나님이 간절히 원하시는 것은 수치심 없는 친밀함이다. 신랑이 신부에게 원하는 것은 수치심으로 얼굴을 가린 모습이 아니다. 고대 중동에서 얼굴을 가린 자는 몸을 파는 창녀를 의미했다. 주님은 신부인 우리에게 수치심을 넘어 친밀함으로 나오길 간절히 원하신다. 우리가 비록 검으나 아름답다는 확신을 가지고 친밀함의 깊은 자리로 나아 오길 바라신다. 아가서의 신부는 자신의 연약함을 깨달았지만 거기에 주저앉지 않고 사랑받는 신부의 당당함으로 주님께 나아가길 간절히 갈망했다. 주님께서 이 갈망함을 우리 안에서도 찾길 원하신다. 우리의 담대함은 '아름다우니'에 있는 것이다. 그분께 나아갈 때 우리는 얼굴을 가린 자가 될 필요가 없다.

예루살렘 딸들아, 내가 비록 검으나 아름다우니 게달의 장막 같을지라도 솔로몬의 휘장과도 같구나…내 마음으로 사랑하는 자야 네가 양 치는 곳과 정오에 쉬게 하는 곳을 내게 말하라 내가 네 친구의 양

때 곁에서 어찌 얼굴을 가린 자 같이 되랴? (아 1:5, 7).

수치심은 친밀함으로 나아가는 데 큰 방해물이다. 수치심은 또한 교만이란 뿌리에 연결된 또 다른 모양의 교만이다. 교만이란 무엇인가? 교만은 하나님을 향하여 높아진 모든 것이다. 수치심은 자신을 용서치 못하고 친밀함으로 나가려 할 때 자신을 보는 것이다. 깊은 수치심은 무엇 때문에 생기는가? 수치심은 본질적으로 자신을 온전히 용서하지 못하고, 연약한 모습을 용납하지 못하기 때문에 생긴다. 하나님은 용서하시고자 하시는데, 자신은 자기 스스로가 용서되거나 용납이 되지 않는 것이다. 우리는 자기 자신에게 누구보다 자비로워야 한다. 자비롭지 못한 것의 뿌리는 '자기 의' 때문이다.

하나님은 용납하시고자 하는데 자신은 스스로 용납하지 않으려 하기 때문이다. 상황이 극단으로 가면 사람들은 자살까지 한다. 자살을 하는 이유는 근본적으로 하나다. 자신을 용서하지 못하는 것이다. 그 시작은 수치심에서부터 온다. 죄가 쏘는 것은 사망이다. 그 뜻은 죄가 목표로 삼는 곳이 바로 사망이라는 것이다. 죄를 지은 모든 사람이 스스로를 정죄하기 때문에 그 수치심은 점점 커진다. 사단은 그 정죄감에 더 휘발유를 부어서 스스로가 깊고 어두운 감옥 가운데 거하도록 만드는 것이다. 일단 사람이 정죄감을 느끼면 수치심이 찾아오고 수치심을 느끼는 사람들은 관계 가운데 당당할 수 없다. 하나님과의 관계는 물론 사람과의 관계 가운데에서도 당당하지 못하고 숨어 지낸다.

심한 우울증이 오는 것이다. 자신의 감옥 속에서 살게 된다. 다시 말하지만, 수치심은 교만의 뿌리에서 온다. 수치심은 자신을 신뢰하였을 때 그 결과로 맛보는 실패감이다. 베드로는 자만심에 빠졌을 때 배신하였고, 수치심에 빠졌을 때는 부르심에서 도망치려 하였다. **"시몬 베드로가 나는 물고기 잡으러 가노라⋯" (요 21:3).** 원수가 원하는 것은 우리의 부르심이 죽는 것이다. 원수는 우리 안에 있는 하나님께로부터 온 모든 좋은 것이 죽기를 원한다. 예수님은 이런 베드로를 아가페의 사랑으로 채워 주시고, 그를 다시 세워 주셨다. 성경은 허물을 덮어 주는 것이 사랑이라고 말하고 있다. 사랑하는 자는 허물을 덮어 주는 자라고 잠언은 기록한다. **"허물을 덮어 주는 자는 사랑을 구하는 자요 그것을 거듭 말하는 자는 친한 벗을 이간하는 자니라" (잠 17:9). "무엇보다도 뜨겁게 사랑할지니 사랑은 허다한 죄를 덮느니라" (벧전 4:8).** 이것은 사랑만이 할 수 있는 역설적인 것이다. 베드로의 수치심이 사랑으로 덮은 바 되었을 때 그는 다시 자만으로 돌아간 것이 아니라, 사랑의 본체를 깨닫게 되었다. 그리고 그 사랑으로 양 떼를 돌보는 부르심에 다시 반응하게 된다. 베드로가 주님께서 주신 '사람을 낚는 어부'의 부르심을 버리고, 물고기 잡는 어부로 돌아간 것은 바로 수치심 때문이었다. 베드로의 머릿속에는 정죄감과 수치심으로 가득 차 있었다. 자만심은 실패를 가져오고, 실패는 우리를 수치심의 감옥에 머물게 한다. 베드로가 예수님을 부인한 것은 분명한 죄였다. 하지만, 하나님이 용서해 주시고자 하는 것도 분명한 진실이었다. 베드로에게는 주님이 있었다. 베드로를 사랑하시고, 용서해 주시는 하나님이 계셨다. 베드로는 그분께로 달려갔을 때 다시 그분의 사랑으로 채운 바 되고, 다시 그분의 부르심 가운데 걸을 수 있게 되었다. 더 이상 자만심이나 수치심이 아닌 바로 좁은 길, 곧 하나님만을 의지하는 길을 걷게 되었다. 수치심이 제거되면 하나님께 뛰어드는 것이다. **"예수께서 사랑하시는 그 제자가…주님이라 하는 말을 듣고 겉옷을 두른 후에 바다로 뛰어내리더라"** (요 21:7). 주님은 베드로에게 나를 사랑하느냐고 질문하심으로 베드로 스스로가 주님을 아직도 사랑하고 있음을 스스로 깨닫도록 해 주셨다. 용서를 못 하는 것은 주님이 아니라 베드로 자신이었기 때문이었다. 베드로는 주님의 질문으로 인해 드디어 그가 하나님을 사랑하고 있다는 것을 깨닫게 되었다. 그리고 주님은 베드로를 수치심에서 건져 주셨다. 그런 후 다시 주님은 '사람을 낚는 어부', '양을 먹이는 사도'의 부르심을 확증시켜 주심으로 베드로의 어떠함이 아니라, 그분의 선하심과 긍휼하심으로 그가 다시 설 수 있도록 해 주셨다. 베드로는 그의 확신이 인간적인 선함에서 나온 것이었고, 진심이었지만 지킬 능력이 그에게는 없다는 것을 깨닫지 못했다. 오직 주님의 성령이 부어졌을 때만 그 약속은 지켜질 수 있는 것이었다. **"…내가 가는 곳에 지금은 따라올 수 없으나 후에는**(성령 충만 후)**따라오리라"** (요 13:36). 자만은 자신의 힘을 의지함으로 자신을 높이고 이것이 충만해지면 자기의 힘(그것이 지식이든, 육체의 힘이든, 재력이든)으로 모든 것을 해결하려 한다. 이것은 거짓 자아다. 거짓 정체성이라는 뜻이다. 믿는 자들이 자기의 힘을 의지하려 할 때 주님은 이것을 깨뜨리려고 하신다. 그 이유는 그것이 주님께서 십자가에서 못 박히신 이유가 되기 때문이다. 제자들에게 물고기 두 마리와 보리떡 다섯 덩어리를 가지고 5,000명을 먹이라고 하셨을 때, 자신의 힘을 의지하였던 제자들은 낙심에 빠졌고 예수님은 하나님께 구하여 하늘의 기적을 이 땅 가운데 풀어놓으셨다. 제자들은 자신의 힘을 바라보았고, 예수님은 아버지를 바라보았다. 자만은 단번에 오지 않는다. 자만은 마음이 부해지면서 서서히 찾아오는 자아 충만함의 상태다. 세상 사람들은 자신을 신뢰함에서 나오는 자신감과 하나님을 신뢰함에서 나오는 (사랑의)확신 사이를 구별하지 못한다 이런 의미에서 자기 계발서들은 쓰레기와 같은 것이다. 자기신뢰를 부인하는 것과 자기신뢰를 강화하려 하는 것은 함께 가지 못하기 때문이다. 함께 갈 수 있었다면 주님은 십자가에 못 박히실 필요가 없으셨을 것이다. 단지 손 한 번 흔드시고 죄를 용서해 주시기만 하면 되었을 것이다. 자기를 신뢰는 옛 자아는 반드시 소멸되어야 했기에 주님께서 친히 못 박혀 죽으신 것이다. "…**원수 된 것을 십자가로 소멸하시고**" (엡 2:16). 그래서 십자가는 유대인에게는 거리끼는 것이고 이방인에게 미련하게 보인다. "**우리는 십자가에 못 박힌 그리스도를 전하니 유대인에게는 거리끼는 것이요 이방인에게는 미련한 것이로되**" (고전 1:23) 믿는 자들이 자기 계발서를 읽는다는 것은 아직 영적인 실체를 잘 알지 못한다는 뜻이다. 자기의 힘을 키우려는 것은 오히려 더 큰 자만심으로 자신을 충만케 하기 위해 노력하는 것인데 이것은 하나님을 의지하는 것이 아니라 자기를 의지하는 것이기에 모순이 된다. 자만심이 강한 사람일수록 기도하려 하지 않을 것이다. 세상 사람들은 자신이 얼마나 강한 사람인 것을 증명하려고 하지 사도 바울처럼 약함을 자랑하지 못한다. "…나를 위하여는 약한 것들 외에 자랑치 아니하리라…"(고후 11:5). 세상에서 약함은 실패이고 죽음이기 때문이다. 세상에서 자기 약함은 죽는 거나 마찬가지지만, 믿는 자들은 자기의 약함을 인정함으로 그분의 능력 가운데로 들어가는 존재들이다. 약할 때 강함 된다는 것은 그분의 능력을 의지하여 맛본 자만이 할 수 있는 고백이다. 사도 바울은 겸손해 보이고 멋져 보이려고 이런 말을 한 것이 아니라, 정말로 그리스도 안에서 내가 죽을 때 성령의 능력이 발휘된다는 자신의 삶에서 증명된 진리를 고백한 것이다. 그래서 사도 바울에게 보였던 것도 그리스도의 향이자 몰약의 향인 것이다. 몰약은 자아의 죽음을 의미하기 때문이다. 모든 구원과 건져 냄은 바로 자신의 힘의 한계를 깨달음으로부터 시작하고, 자아 죽음의 자리에서 부르짖음의 과정을 거쳐, 성령의 능력이 입혀지므로 돌파를 경험하는 것이다. 그렇다면 하나님의 능력을 막고 있는 것은 무엇인가? 자만심이든지 또는 수치심이다. 둘 다 뿌리는 자신을 의지하는 교만이다. 전자는 자아가 성공한 것처럼 보일 때고 후자는 자아가 실패한 것처럼 보일 때다. 둘 다 십자가에 못 박혀야 하는 것들이다. 왜냐하면 이 둘이 하나님과의 친밀함으로 나아가는 원수가 되기 때문이다. 십자가에 소멸되어야 할 것들이다. 사도 바울은 날마다 십자가를 지는 삶을 살았다. 육신을 입고 있는 한 이것이 한 번에 되는 것이 아니라 십자가를 지는 삶을 요구하기 때문이다.

수치심이 깊어지면 우울증에 빠지고, 우울증이 오래되면 영적으로 눌리게 된다. 이 영적 눌림이 오래되면 귀신에게 정복당하게 된다. 이런 상태에 있던 사람이 예수님을 팔았던 가룟 유다에게 일어났다. 가룟 유다는 스스로를 용서하지 못했다. 그는 심판자로서 스스로에게 사형선고를 내리고 집행자로서 스스로에게 사형을 집행하는 자도 된 것이다. 실제로 예수님을 팔았던 사람은 가룟 유다였지만, 예수님을 부인하고 도망쳤던 관점에서 보면 제자들 모두 주님을 배신한 것이다. 제자들은 모두 가룟 유다와 같이 예수님을 부인하였다는 깊은 수치심을 느꼈을 것이다. 하지만, 그들은 오직 그들을 심판하실 분은 하나님한 분밖에 없음을 믿고 심판을 그분께 맡기며 혹시라도 그분께서 긍휼을 베풀어 주시도록 그분 앞에서 떨었다. 우리는 스스로 자신을 심판할 수 없으며, 이웃들도 심판해서는 안 된다(고전 4:3; 약 4:11). 자살은 자신의 심판자가 되는 것이고, 살인은 이웃의 심판자가 되는 것이다. 미움과 정죄와 비방도 마음으로 살인하는 것이다.

형제들아 서로 비방하지 말라. 형제를 비방하는 자나 형제를 판단하는 자는 곧 율법을 비방하고 율법을 판단하는 것이라. 네가 만일 율법을 판단하면 율법의 준행자가 아니요 재판관이로다. 입법자와 재판

관은 오직 한 분이시니 능히 구원하기도 하시며 멸하기도 하시느니라. 너는 누구이기에 이웃을 판단하느냐? (약 4:11, 12).

베드로를 깊은 정죄감과 수치심으로부터 빠져나오게 했던 것이 무엇이었나? 그것은 주님의 덮어 주심이었다! 유대인의 결혼식 덮개(훗파 chuppah 또는 canopy)처럼 말이다. 유대인 신랑과 신부는 이 덮개 아래로 들어가서 결혼식을 거행한다. 축복을 의미하는 덮개 안에서 언약을 맺는 것이다. 하나님은 우리를 축복해 주시길 간절히 원하신다. 특별히 우리가 징계/연단 가운데 있을 때 우리는 그분께 버림받았다고 느껴지는 감정과도 싸워야 한다. 그분을 신뢰하는 믿음은 감정을 이기고 진리 가운데 거하도록 해 준다.

**주께서 그 사랑하시는 자를 징계하시고 그가 받아들이시는 아들마다 채찍질하심이라 하였으니…무릇 징계가 당시에는 즐거워 보이지 않고 슬퍼 보이나 후에 그로 말미암아 연단 받은 자들은 의와 평강의 열매를 맺느니라" (히브리서 12:6, 11).

보아스의 긍휼함

룻은 아무것도 자랑할 것이 없었다. 룻은 보아스에게 나아갈 때 자신의 연약함으로 떨었다. 거절당할 수 있다는 두려움에 떨었다. 한없이 연약해 보이는 상황 가운데, 모든 것으로 충만해 보이는 보아스에게 나아가게 할 수 있도록 룻에게 힘을 주었던 것은 무엇이었을까? 보아스의 성품이었다. 그녀는 보아스의 긍휼함을 의지했다. 베드로가 예수님께 다시 달려가게 했던 원동력이 무엇이었나? 바로 예수님의 성품이었다. 예수님의 긍휼함을 의지했다. 그는 예수님께 돌아가기만 하면 그 어떤 흉악한 우리가 상상할 수 있는 최악의 죄악까지라도, 그분 앞에만 가면 그분의 능력의 보혈이 씻지 못할 죄가 없다는 것을 믿었던 것이다. 그는 더 이상 자신의 힘을 의지할 수 없었다. 그는 더이상 옛 자아를 신뢰할 수 없었다. **"베드로가 이르되, 주여…내 목숨을 버리겠나이다"** (요 13:37). 그의 고백은 실행능력이 없다는 것이 증명되었다. 그렇기 때문에 베드로가 예수님께 나아갈 때 모든 자기 의의 옷을 벗고 싶어 했을 것이다. 하지만 한편으론, 혹시 거절당하지는 않을까, 정죄당하지 않을까… 하는 옛사람의 생각이 머리를 스쳤을 것이다. 그가 의지할 것은 오직 그분의 긍휼한 성품뿐이였다. 그분은 자비를 베풀어 주시길 기뻐하시는 하나님이라는 것을 믿은 것이다. **"그것이 유일한 옷이라 그것이 그의 알몸을 가릴 옷인즉 그가 무엇을 입고 자겠느냐? 그가 내게 부르짖으면 내가 들으리니 나는 자비로운 자임이니라"** (출 22:27). 그럴 때 예수님은 자비롭고 따뜻한 사랑으로 그를 덮어 주셨다. 주님은 고아의 아버지시며 과부의 돌보시는 분이시다. **"그의 거룩한 처소에 계신 하나님은 고아의 아버지시며 과부의 재판**

장이시라" (시 68:5). "여호와께서 나그네들을 보호하시며 고아와 과부를 붙드시고…" (시 146:9). 이런 따뜻한 덮어 주심을 맛보는 것보다 더 좋은 게 있을까? 베드로의 죄는 그의 부르심을 취소하게 하지 못했다. 오히려 그의 경험은 그의 부르심을 자신의 힘이 아닌, 하나님의 힘을 의지하도록 만들어 주었다. 베드로는 자만심에서 구원받았고, 수치심(자기 정죄, 실패)에서도 구원받았다. 이 길이 의의 길이고, 좁은 길이다. 수치심의 골짜기는 돋우어져야 하며, 모든 자만심의 언덕들은 낮아져서 주님과 내가 만나는 의의 길, 평지가 되어야 한다. **"외치는 자의 소리여 너희는 광야에서 여호와의 길을 예비하라 사막에서 우리 하나님의 대로를 평탄하게 하라. 골짜기**(수치심)**마다 돋우어지며 산마다, 언덕마다**(자만심) **낮아지며…평지가 될 것이요"** (사 40:3, 4).

베드로의 자만심을 깎으시고, 그의 수치심을 예수님께서 덮어 주셨듯이, 보아스는 룻의 수치심을 덮어 주었다. 룻도 베드로와 같이 수치심으로 아무도 볼 수 없는 밤중에 보아스에게 나아갔다. 보아스를 눈과 눈으로 마주치지 못하고, 그의 발치에서 그의 긍휼함을 의지한 채 두려움으로 떨며 기다려야 했다. 언제든지 그에게 거절될 수 있다는 긴장감이 도는 순간이었다. 거절 받으면 언제라도 이상한 여자로 몰릴 수 있었고 쫓겨나서 더 이상 이삭을 주울 수도 없는 상황에 처해질 수도 있었다.

밤중에 그가 놀라 몸을 돌이켜 본즉 한 여인이 자기 발치에 누워 있는지라. 이르되, 네가 누구냐? 하니 대답하되 나는 당신의 여종 룻이오니 당신의 옷자락(긍휼; 그리스도의 의의 옷)을 펴 당신의 여종을 덮으소서 이는 당신이 기업을 무를 자가 됨이니이다 하니 (룻 3:8, 9).

이 장면은 왕비 에스더를 연상케 한다. 에스더가 왕에게 나아갈 때도 유일하게 의지하였던 것은 그 왕의 긍휼함이었다. 그녀는 왕의 긍휼함을 당연히 받을 줄 알며 와스디처럼 뻔뻔한 자세로 나아가지 않았다. 에스더는 그녀의 모든 유대민족에게 금식과 기도를 시켜 당부할 만큼 떨림으로 왕에게 나아갔다. 우리는 자신을 의지하는 사람이 세상 사람이란 것을 기억해야 한다. 하나님의 사람이란 누구인가? 바로 하나님을 의지하는 사람들이 하나님의 사람이고 믿는 사람이다. 거듭날 때도 하나님만을 의지하지만, 거듭난 후에도 더더욱 하나님을 의지하지 않으면 우는 사자처럼 울부짖는 마귀에게 공격당하고 만다. 믿는 자들의 자세는 자신을 의지하는 자세가 아니라, 오직 우리 주님만을 의지하는 자세. 말씀을 의지하며 말씀을 기쁨으로 받아먹는 것이고, 그 말씀을 창자까지 채워야 한다. 그럴 때 이 말씀이 나를 자만심의 기름덩이에서 건져내고 나를 가볍게 독수리처럼 날게 하실 것이다. "**그들의 마음은 살져서 기름덩이 같으나 나는 주의 법을 즐거워하나이다**" (시 119:70). 이런 자기 신뢰의 교만함을 미워하는 자들에게 하나님이 약속해 주시는 것은 무엇인가? 바로 하나님의 임재의 강이 마음에 흘러 들어오는 것이다. 젖 뗀 아기와 같이 우리 영혼에 깊은 만족이 들어오기 시작한다(시 131:1-2).

마음의 독기가 빠지고, 세상에서 추구하는 시기와 다툼의 쇳덩어리들이 붙질 못한다. 왜냐하면 욕심의 자석이 힘을 잃었기 때문이다. 성령으로 욕심이 해결될 때. 욕심은 성령께서 잠잠케 해 주셔야 잠잠케 되는 것이다. 우리 안에 욕심의 자성이 강하든지, 성령의 자성이 강하든지 둘 중 하나다. 욕심으로 채우기 시작하는 순간부터 세상의 것들이 달라붙기 시작한다. 욕심으로 채우는 대신 하나님 그분으로 채울 때 욕심이 힘을 잃게 된다. "너희는 **성령을 따라 행하라 그리하면 육체의 욕심을 이루지 아니하리라**…육체의 소욕은 성령을 거스르고 **성령은 육체를 거스르나니** 이 둘이 서로 대적함으로…그리스도 예수의 사람들은 육체와 함께 그 정욕과 탐심을 **십자가에 못 박았느니라**" (갈 5:16-17, 24).

그리스도 예수의 사람들이 누구라고 말하는가? 바로 욕심이 해결된 자라고 한다. 자아가 십자가에서 소멸된 성령의 사람들이다. "**그리스도 예수의 사람들은 육체와 함께 그 정욕과 탐심을 십자가에 못 박았느니라**" (갈 5:24). "내가 **여러 번** 너희에게 말하였거니와 이제도 **눈물을 흘리며 말하노니 여러 사람들이 그리스도의 십자가의 원수로 행하느니라**…그들의 **신은 배요**…" (빌 3:18-19). 이 욕심과 탐심이야말로 사람들로 하여금 쉬지 못하게 하는 것이다. 세상 사람들의 공통적인 특징은 욕심으로 달음질하는 삶을 산다는 것이고, 그리스도 예수의 사람들의 특징은 성령으로 달음질하는 삶을 산다는 것이다. 이 두 사람의 달음질의 이유와 마음의 동기와 삶의 목적이 다르다. 세상 사람들은 욕심으로 달음질하면서 그 밑에서 일하는 모든 사람들도 욕심으로 일하도록 불을 일으킨다. 하지만, 그리스도 예수의 사람들은 눈으로 보기에는 손해를 보더라도 의로운 일을 위해서 손해 보는 것을 선택한다. 왜냐면 이들의 삶의 목적이 돈 버는 것이 아니기 때문이다. 그렇기 때문에 그리스도 예수의 사람들은 세상에서 어리석다고 조롱을 당하는 것이다. 그럼에도 불구하고 성령의 사람들은 다른 사람들도 성령 안에서 사랑으로 달음질하도록 불을 일으킨다. 사랑은 영혼을 살리는 삶을 살도록 하기 때문에 담대하다. 주눅들지 않는다. 손해를 보더라도, 누명을 쓰더라도 주님 앞에서 반응하기에 하나님의 임재 안에서 담대할 수 있는 것이다. 성령의 사람들은 모두 이렇게 사랑으로 담대하였다. **"악인은 쫓아오는 자가 없어도 도망하나 의인은 사자같이 담대하느니라…욕심이 많은 자는 다툼을 일으키나 여호와를 의지하는 자는 풍족하게 되느니라"** (잠 28:1).

　이런 모든 일은 오순절 때 성령의 부어 주심(밀 추수; 풍성함)으로 가능케 된다. 지속적인 성령의 충만함을 받을 때 자만심과 수치심, 그리고 또한 욕심에도 빠지지 않을 수 있다. 우리는 성령의 충만함을 구할 때도 수치심이 아닌 친밀함으로 담대히 주님 앞에 나아가야 한다. 왜냐하면, 이것을 주님이 기뻐하시기 때문이다. 우리가 주님의 성품을 의지하여 나아갈 때 거절감의 두려움은 눈 녹듯이 녹게 될 것이다. 그분은 겸손히 그분께 나아오는 자에게 자비를 베푸시는 분이시다.

그가 이르되, 내 딸아 여호와께서 네게 복 주시기를 원하노라. 네가 가난하건 부하건 젊은 자(육체의 욕심)**를 따르지 아니하였으니 네가 베푼 인애**(주를 향한 사랑)**가 처음보다 나중이 더하도다. 그리고 이제 딸아 두려워하지 말라**(수치스러워하지 말라). **내가 네 말대로 네게 다 행하리라**(내가 너를 덮어 주리라) **네가 <u>현숙한 여자</u>인 줄을 나의 성읍 백성이 다 아느니라 (룻 3:10-11)**

주님의 덮어 주심은 수치심을 넘어 친밀함으로 나가도록 해 준다. 그분이 덮어 주실 때 우리 모두의 수치심은 소멸된다. 동시에 그분을 향한 친밀함의 갈망함을 불어넣어 주시는데 성령의 내주하심의 가장 강력한 증거는 바로 그분께로 더 가까이 가고자 하는 '불타는 갈망'이 생긴다는 것이다.

제3장

기름 부으심

오순절은 밀 추수의 풍성함 같이 넘치도록 부어지는 기름 부으심, 곧 하나님의 풍성한 임재에 관한 것이다. 그래서 유대인들은 오순절 때 풍성을 의미하는 꿀과 유제품을 먹고 하루 종일 말씀을 묵상하며 밤새도록 찬양을 한다. 몇 년 전 예루살렘에서 믿는 메시야닉 유대인들이 모여서 오순절 축제하는 곳을 방문한 적이 있는데, 정말 밤새도록 주님을 기뻐하며 찬양하는 것이었다. 풍성한 주님의 임재의 기름 부으심을 받아 누리는 것이었다. 밤새도록 말이다. 임재는 그냥 오는 것이 아니라 찾아 구할 때 부어진다. 하나님 나라는 구하는 자가 얻게 되고, 찾는 자가 발견하고, 두드리는 자가 열림을 경험하는 곳이다.

친밀한 임재를 막는 두 가지 방해물

우리는 잘못 구할 때가 있고 잘못된 자세로 구할 때도 있다. 두 마음을 품어 구할 때다. **"이런 사람은 무엇이든지 주께 얻기를 생각하지 말라 두 마음을 품어 모든 일에 정함이 없는 자로다"** (약 1:7-8). 사도 바울은 신부의 마음에 대하여 다음과 같이 경고한다. **"뱀이 그 간계로 하와를 미혹한 것 같이 너희 마음이 그리스도를 향하는 진실함과 깨끗함에서 떠나 부패할까 두려워하노라"** (고후 11:3). 우리는 바른 것, 바로 주님의 친밀함의 기름 부음을 구하지만 얻지 못하는 이유가 두 마음을 품는 마음의 자세 때문이다. 두 마음을 품었다는 것은 의심하고 구하는 것이다. 다른 말로 하면 불평하며 구하든지, 오래 기다리지 못하고 구하든지의 마음 자세를 가지는 것이다. 우리가 열매 맺기 위해서는 농부의 인내가 필요하다. 풍성하게 한 번 부어진 첫사랑 또는 신혼 때의 기름 부음은 포도나무 진액을 받듯이 지속적인 결혼 관계의 기름 부음을 받지 못한다면 열매 맺을 수 없다. 나오미와 같이 기쁨(나오미)이 아니라 쓴물(마라)이 스며드는 것이다. 거하는 관계를 잘하지 못하면 우리의 마음은 물 댄 동산이 아니라 마른 땅이 될 것이다. 부르심은 물 댄 동산인데 경험은 마른 땅이 될 수 있다는 것이다. 마음을 잘 유지할 때 주님은 우리를 성숙한 신부로 이끄실 수 있다. 그분에게 능력이 있으시다(보아스의 단어의 뜻). 하지만, 그분의 임재의 능력을 방해하는 두 가지가 있다.

부르심의 특권을 깨닫지 못함

친밀함을 막는 첫 번째 방해물은 '부르심의 특권을 깨닫지 못하고 짐으로 여기는 것'이다. 나오미는 선하신 하나님 대신 괴롭고 쓴 것만을 가져다주시는 하나님을 느끼고 있었고, 전능하신 하나님이 아니라 실패와 수치심만을 주시는 무능한 하나님을 경험하고 있었다. 나오미가 마음을 다하여 그녀의 부르심 (룻을 돌보는-이방 민족을 축복하는 이스라엘의 부르심)에 충실할 때, 나오미는 룻이 그녀가 책임지고 돌보아야 하는 무거운 짐이 아니라 오히려 축복을 가져다주는 놀라운 돌파구가 되었음을 깨달았다. 이것은 우리에게 영적 돌파에 관한 중요한 깨달음을 준다. 짐이라 생각했던 것을 축복이라 여길 때 일어나는 영적인 돌파의 원리다. 자녀를 짐으로 여겼던 부모가 새로운 관계에 대한 깨달음이 왔을 때 더 이상 자녀가 짐이 아니라 축복이라는 것을 깨닫게 된다. 부모의 영적돌파는 자녀들이 축복임을 깨닫고 부모의 역할을 짐이 아닌 특권으로 여길 때부터 온다. 부모에게 먼저 돌파가 오고 자녀들에게 그 돌파가 전해진다. 선생들에게 먼저 돌파가 오고 학생들에게 돌파가 전해진다. 대부분 리더에게 돌파가 오면 팔로워들도 그 돌파를 같이 경험하게 된다. 이스라엘과 열방을 말해 주는 나오미와 룻의 관계의 돌파도 바로 여기에 있다. 서로가 짐이 아니라 축복이라는 것을 깨닫는 부분이다. 이스라엘과 이방인 교회의 관계도 바로 이 부분에 핵심적 메시지 있다는 것이 룻기에 숨겨져 있다. 하나님은 우리의 이기심을 깨시고 그곳에 그분의 사랑을 부으심으로 우리가 부르심에 반응하여 살도록 하시는 것이다. 나오미와 룻이 두 사람의 역할을 짐이 아닌 축복으로 여겨 충실했을 때 두 사람 다 구원자 '보아스'를 만날 수 있었다. 우리가 모든 것을 잃은 듯할 때가 바로 주님을 만날 때다. 부르심을 깨닫지 못하고 보지 못할 때 어둠을 직면하게 된다. 주님은 우리 안에 어둠을 꾸짖기 전에, 우리가 어둠 가운데 머물려는 자세를 먼저 꾸짖으신다. 빛 되신 주님께로 나와야 한다. 깨닫지 못하는 것은 어둠 안에 머물려 하는 우리 자세 때문이다. 주님은 부르심의 빛으로 나오라고 하신다. 우리가 진솔한 마음으로 주님께 반응할 때 주님은 우리를 도와주시는 분이시다. 우리는 예수님의 예표인 보아스에게 나아가야 한다. 보아스라는 이름은 역대하 3장 17절에 보면 솔로몬 성전의 두 기둥 중 하나의 이름으로 사용되었다. 그 두 기둥의 이름은 '야긴'과 '보아스'인데, 야긴이란 이름의 뜻은 **'그분께서 세우실 것이다'**이고, 보아스란 이름의 뜻은 **'그분 안에 능력이 있다'**라는 뜻이다. 우리가 지성소 곧 하나님의 임재로 나아가려면 이 두 가지 기둥을 굳게 붙들어야 한다. 부르심을 깨닫지 못하고 이기적인 자세로 나만 바라보면서 연약함과 정죄감에만 빠져 있다면 우리는 하나님의 깊은 임재를 경험하지 못할 것이다. 왜냐하면 그곳엔 하나님이 거하지 않으시기 때문이다. 주님께서 나를 세우시는 분이시고(야긴), 주님 안에서 내가 힘을 얻을 수 있다(보아스)는 것을 확신하며 신뢰할 때 우리는 주님의 임재(도움)를 경험하게 될 것이다! 주님께서 우리를 세우시고 힘을 주시는 이유는 우리가 부르심에 합당한 자로 살도록 해 주시기 위해서다. 부모의 부르심은 아이들을 주 안에서 양육하는 것이고, 아이들의 부르심은 부모를 존중함으로 주를 배워 가는 것이고, 이스라엘의 부르심은 이방인의 빛이 되는 것이며, 이방인의 부르심은 이스라엘을 축복함으로 서는 것이고, 남편의 부르심은 아내를 주께서 사랑하듯 사랑하는 것이고, 아내의 부르심은 남편을 주께 대하듯 하며 조력자의 역할을 감당하는 것이다. 사단은 이 시대 많은 사람들로 하여금 부르심의 자리를 짐으로 여기도록 만들었다. 주님은 마지막 때 우리로 하여금 부르심에 합당한 자로 살도록 모든 선을 기뻐함과 믿음의 역사를 능히 이루도록 도와주실 것이다.

이러므로 우리도 항상 너희를 위하여 기도함은 우리 하나님이 너희를 그 부르심에 합당한 자로 여기시고 모든 선을 기뻐함과 믿음의 역사를 능력으로 이루게 하시고 (살후 1:11).

높은 마음을 품는 것

친밀함을 막는 두 번째 방해물은 '높은 마음을 품는 것'이다. "**옳도다 그들은 믿지 아니하므로 꺾이고 너는 믿으므로 섰느니라 높은 마음을 품지 말고… (롬 11:20)**. 앞 장에서 언급했듯이 룻은 수치심으로 주저앉아 있지도 않았지만, 그렇다고 보아스에게 오만한 자세로 나아가지도 않았다. 마치 보아스가 나를 당연히 받아 주겠지라는 자세말이다. 이방인 믿는 자들에게 가장 큰 문제는 바로 이 높은 마음을 품는 자세다. 담대함은 반드시 필요하며 좋은 것이지만, 담대함인 줄 착각하는 뻔뻔함은 관계를 해치고 더 나가서는 지위까지 빼앗길 수 있게 한다. 기름 부음을 앗아 가는 영적 오만함의 자세는 담대함과는 구별되어야 한다. 오만과 교만이란 단어 자체가 영적인 단어다. 영적이라는 말은 그 뒤에 영이 존재한다는 것이다. 교만은 늘 그 뒤에 교만의 영이 역사한다. 일단 교만이 한 사람의 삶에 자리를 잡으면 그 사람은 사단에게 조종 당하기 굉장히 쉬운 상태가 된다. 모든 종류의 교만은 사단의 것이다. 반대로 겸손도 영적인 단어다. 우리가 거듭나면서 가장 눈에 띄게 달라지는 성품은 바로 겸손이다. 한 사람이 겸손해지면 그 사람은 성령께서 사용하기 쉬운 사람이 된다. 겸손은 그분을 의지하려 하기 때문이다.

겸손은 예수님의 것이다. 예수님은 모든 일을 사랑과 겸손으로 하시기 때문에 아름다우시다. 그분의 성품은 그래서 각양 향품의 향기가 난다. 몰약의 즙이 뚝뚝 떨어진다. 그분의 행동과 말씀은 늘 몰약의 향을 머금고 있다. "입술은 백합화 같고 몰약의 즙이 뚝뚝 떨어진다" (아 5:13). 그래서 아가서의 신부는 예수님의 전체가 아름답다고 고백한다. "입은 심히 달콤하니 그 전체가 사랑스럽구나 예루살렘 딸들아 이는 내 사랑하는 자요 나의 친구로다" (아 5:16) 그분의 아름다움에는 그 어떤 교만도 찾아볼 수 없다. 그분의 입술에는 은혜를 머물고 계신다. "왕은 인생보다 아름다워 은혜를 입술에 머금으니…" (시 45:2). 예수님은 만왕의 왕으로서의 위엄을 가지셨고 동시에 겸손을 가지셨다. 그 어떤 인간 왕과는 비교할 수 없는 위풍당당함과 겸손의 영광스러운 빛이 그분에게서 나온다. 아버지 하나님은 예수님의 겸손함 때문에 그분을 가장 높은 자리에 올리셨다. **"이러므로 하나님이 그를 지극히 높여 모든 이름 위에 뛰어난 이름을 주사…모든 무릎을 예수의 이름에 꿇게 하시고"** (빌 2:9-10). **"내가 나의 왕을 내 거룩한 산 시온에 세웠다 하시리로다…네 소유가 땅 끝까지 이르리로다"** (시 2:4). 예수님은 그분의 신부가 말과 행동에 있어서 그분의 마음처럼 겸손하고 온유하기를 원하신다. 아가서에서 신랑 예수님은 신랑의 모습을 닮은 신부의 모습을 칭찬하신다. **"네 입술은 홍색 실**(보혈로 인한 자아의 죽음으로 몰약 같은 언어 생활)**같고 네 입은 사랑스럽고**(lovely)…" (아 4:3).

반대로 오만함은 지위까지도 빼앗기게 한다. 이 좋은 예를 에스더서에 나오는 왕후 와스디의 자세를 통해 볼 수 있다. 에스더서도 룻기처럼 짧은 성경이지만, 심오한 영적 진리들을 포함하고 있다. 와스디는 엄청난 제국의 왕 아하수에로의 왕비였다. 이 제국은 역사적으로 그 힘과 크기에서 최고였다. 이 메데 바사제국은 페르시아 제국으로 그 당시 바벨론 제국을 무너뜨리고 열방의 떠오르는 강국으로 그 당시 전 세계를 제패한 제국이었다. 그 크기가 인도(아시아)에서부터 구스 에티오피아(아프리카)까지 달했다. 127개의 지방 나라들이 모여서 만들어진 엄청난 제국이었다. **"이 일은 아하수에로 왕 때에 있었던 일이**

니 아하수에로는 <u>인도로부터 구스까지</u> 백이십칠 지방을 다스리는 왕이라" (에 1:1). 왕국이 가장 강력하였던 초반기에 모든 127지방 나라들의 관리들, 귀족과 장군들을 모아서 사상 최고의 성대한 파티를 벌이고 있었다. 이 잔치가 얼마나 성대했던지 7일 동안이나 벌어졌고, 재정도 넘치도록 부어져서 호화스럽고 사치스럽기가 모든 잔들이 금으로 만들어졌고, 그 잔의 모양이 동일하게 기계로 만들어 낸 것이 아니라, 잔의 모양이 각기 다른 수공품 금잔들이었다. 이것만 봐도 이 잔치가 얼마나 크고 화려했는지를 예상케 한다.

…그의 모든 지방관과 신하들을 위하여 잔치를 베푸니 바사와 메대의 장수와 각 지방의 귀족과 지방관들이 다 왕 앞에 있는지라…백성을 위하여 왕궁 후원 뜰에서 칠 일 동안 잔치를 베풀새…금잔으로 마시게 하니 잔의 모양이 각기 다르고 왕이 풍부하였으므로… (에 1:3, 5, 7).

이때 왕비 와스디도 그녀의 측근 여인들을 모두 불러 왕처럼 잔치를 풍성하게 배설하였다. 모든 지방 관리들, 장군들의 아내들이 이날에 왕비 와스디를 중심으로 모인 것이다. 역사상 가장 성대한 잔치 중 하나였으며, 모든 중요한 지방관리들이 모인 것이다. 그곳에서 왕은 자신의 신부를 자랑하고 싶었다. 남자가 설 수 있는 가장 영광스러운 이 영화와 승리의 자리에 남자의 최고의 영광이요 아름다움인 신부를 소개하길 왕은 원했던 것이다. 성경은 남자가 하나님의 형상과 영광인 것처럼, 여자는 남자의 영광이라고 말하고 있다. **"남자는 하나님의 형상과 영광이니…여자는 남자의 영광이니라"** (고전 11:7). 7일 동안 벌어지는 성대한 잔치에 최고의 피날레가 있는 마지막 날이 왔다. 이때, 왕은 이 신부를 아름다운 면류관의 가장 꼭대기에 박힌 다이아몬드를 소개하듯이 이 신부를 소개하려고 했다. **"왕후 와스디를 청하여 왕후의 관을 정제하고 왕 앞으로 나아오게 하여 그의 아리따움을 뭇 백성과 지방관들에게 보이게 하라 하니 이는 왕후의 용모가 보기에 좋으니라"** (에 1:7). 그런데 믿지 못할 일이 발생했다. 자신의 영광이자 아름다움인 이 여인이 이 왕의 말에 순종하지 않는 것이었다. 인도부터 구스(아프리카)까지 그 당시의 모든 나라를 자기 발 아래 무릎 꿇게 했던 승리를 축하하는 날, 모든 분봉왕과 관료들, 장군들이 이 왕의 승리의 영화를 축복하며 6일간의 잔치를 벌이며, 마지막 잔치의 피날레인 제7일째. 왕의 힘과 위엄과 영광을 찬송하는 날. 이 왕은 한 여인으로부터 초청을 거절 받는다. 인도에서도 오고, 아프리카에서도 이 왕을 알현하러 왔는데… 거리적으로도 가장 가깝고, 관계적으로도 가장 가깝던 한 여인, 자기 신부였던 왕비가 갑자기 오만함에 가득 차서 왕의 초청을 거절한 것이다. 이때 왕의 마음을 어땠을까? 그 당시 최고의 권력과 힘을 자랑하던 이 왕은 극도의 모멸감을 느낀다. 왕은 마음에 불이 붙듯이 극도로 분노했다. 성경은 이 왕의 마음이 불붙듯 하였다고 기록하고 있다. **"…왕후 와스디는 내시가 전하는 왕명을 따르기를 싫어하니 왕이 진노하여 마음속이 불붙는 듯하더라"** (에 1:12). 이 진노는 모든 사람들이 인정하는 합당한 분노였다. 그리고, 왕후가 한 행동을 왕만을 무시한 행동이 아닌, 왕 주변에 있는 모든 사람들까지도 무시했다라고 받아들여졌다. "…**왕후 와스디가 왕에게만 잘못했을 뿐 아니라 아하수에로 왕의 각 지방의 관리들과 뭇 백성에게도 잘못하였나이다**" (에 1:16). 이 문제는 또한 모든 백성들의 가정질서와도 연관이 있는 것으로 확장됐다. "**오늘이라도 바사와 메대의 귀부인들이 왕후의 행위를 듣고 왕의 모든 지방관들에게 그렇게 말하리니 멸시와 분노가 많이 일어나리이다**" (에 1:18). 왕과 왕 주위에 있는 모든 관료들은 왕후의 지위를 박탈시키는 법률을 정하게 된다. 그러함으로 이 광대한 제국에 높은 지위와 낮은 지위 사람을 막론하고 모든 여인들이 그들의 남편을 존경하도록 했다. "**왕이 만일 좋게 여기실진대 와스디가 다시는 왕 앞에 오지 못하게 하는 조서를 내리되 바사와 메대의 법률에 기록하여 변개함이 없게 하고…왕의 조서가 이 광대한 전국에 반포되면 귀천을 막론하고 모든 여인들이 그들의 남편을 존경하리이다 하니라**" (에 1:19-20). 이 모든 것을 가진 여인이 몰랐던 것은 자신의 지위와 부와 능력이 왕으로부터 왔다는 사실을 망각하고 있었던 것이다. 이 왕후를 무지하게 만들었던 것은 무엇이었나? 바로 높아진 마음이었다. 왕으로부터 온 지위, 왕으로부터 온 보물들, 찬송들. 이 모든 축복들이 왕후로 하여금 그녀의 눈을 멀게 하였던 것이다. 왕을 보지 못하고, 자신의 아름다움에 취해서 자신의 모든 것이 왜 존재하는지를 완전히 망각해 버리게 된 것이다. 이것이 바로 교만이다. 루시퍼도 자신의 아름다움에 취했을 때 하나님을 거역하였다. 우리의 창조주시며 공급자 되시는 분을 잃어버리는 것이 교만이다. 왕후가 존재하는 것은 왕을 위해 존재하는 것이었다. 왕후를 빛나게 해 주었던 사람은 바로 왕이었다. 이제는 왕후가 왕을 빛내 줄 차례였는데, 빛을 내주어야 할 차례에 얼굴에 찬물을 끼얹어 버린 꼴이 되어 버린 것이다. 왕후는 자신의 아름다움에 만취되어 있었다. 이런 왕후가 받을 것은 무엇이었겠는가? 왕에게 가까이 갈 수 있는 접근권이 박탈되는 것이었다. 이 자격 박탈이 무엇을 의미하는가? 바로 왕후의 지위, 아름다운 왕궁, 왕궁의 보석들, 궁녀들, 왕궁의 여인들로부터 오는 모든 찬사들, 산해진미의 음식들이 박탈되는 것이었다. 왕후가 왕의 초청을 거절하였을 때, 왕으로부터 오는 모든 관계, 지위, 모든 선물들이 박탈당하게 된 것이다.

신랑 예수님이 신부인 교회에게 가장 크게 기대하시는 것이 무엇일까? 그것은 겸손한 마음을 품고 그분의 말씀에 순종하는 것이다. 신부인 교회가 신랑 예수님의 말씀에 순종할 때 우리는 그분의 얼굴에 찬물을 끼얹는 것이 아니라, 그분이 받으실 합당한 영광을 돌리게 되는 것이다. 우리는 그분으로 하여금 영광을 받고 그분도 우리로 하여금 영광을 받게 되시는 것이 바로 사랑의 관계인 것이다. "…**우리 주 예수의 이름이 너희 가운데서 영광을 받으시고 너희도 그 안에서 영광을 받게 하려 함이라**" (살후 1:12).

마침내 이 왕후의 자리는 왕을 누구보다 사랑하여 순종하게 될 에스더에게 주어진다. **"그 왕후의 자리를 <u>그보다 나은 사람에게 주소서</u>"** (에 1:19-20). 에스더는 어떤 여인이었나? 그녀는 자랑할 것이 아무것도 없었다. 그녀의 나라는 멸망되었고, 그녀의 민족은 무참히 멸시를 받았고, 또한 부모 없이 자란 고아 여자였다. 그녀에겐 세상에 자랑할 만한 것이 아무것도 없었다. 하지만, 그녀에게 필요한 것은 단 하나였다. 바로 왕의 눈에 아름답게 보이는 것이었다. 왕후 와스디도 처음에는 왕의 눈에 아름답게 보였을 것이다. 하지만, 이 왕후는 은혜를 원수로 갚았다. 이 왕후는 왕에게 받은 은혜를 자신을 높이는 것에 사용했고, 이 오만함은 왕의 얼굴에 진노를 낳았다. 그러나 에스더는 달랐다. 에스더는 왕 앞에 두려움과 담대함으로 나아갔다. 이 두려움은 노예가 무서운 관리에게 가지는 두려움이 아닌 왕을 존중히 여기는 경외함이었다. 아무것도 아닌 나를 왕궁으로 오게 하여, 왕후의 자리를 주고, 값진 보물들로 채워 주고 아름다운 왕궁의 옷들로 꾸며 준 것에 대한 진심 어린 마음에서 우러나는 존중과 경외감이었다. 그럴 때 왕은 에스더에게 매력을 느꼈을 것이다. 겸손함과 경외함은 사람을 끄는 매력이 있기 때문이다. 왕은 에스더의 속사람을 보았다. 그 속사람에서 흘러나오는 에스더의 진심 어린 경외함이 기초가 된 사랑의 향을 맡았던 것이다. 에스더의 마음엔 하늘의 향기가 났다.

예수님은 이런 에스더와 같이 그분을 사랑하는 자들의 마음에서 나오는 여덟 가지 향기를 팔복을 통해 표현하셨다. 이것은 우리 마음의 정원의 여덟 가지 향기다.

> **심령이 가난한 자는 복이 있나니…애통하는 자는 복이 있나니…온유한 자는 복이 있나니…의에 주리고 목마른 자는 복이 있나니…궁휼히 여기는 자는 복이 있나니…마음이 청결한 자는 복이 있나니…화평하게 하는 자는 복이 있나니…의를 위하여 박해를 받는 자는 복이 있나니…** (마 5:3-10).

아가서는 신부의 마음에서 피어오르는 향기로 인해 신랑 예수님의 마음이 빼앗겼음을 묘사하고 있다. 예수님의 마음을 빼앗는 것은 우리의 외모 또는 조건들이 아니다. 그분의 마음을 빼앗는 것은 신부의 마음에서 피어오르는 그분을 향한 존중과 경외에서 나오는 사랑의 향기였다. 그분의 은혜로우심, 자애로우심을 경배하는 신부의 마음… 그 순종하고자 하는 신부가 단 한 번 바라봄으로 그분의 마음이 빼앗기신다. "내 누이, 내 신부야 네가 내 마음을 **빼앗았구나** 네 눈으로 한 번 보는 것과 네 목의 구슬 한 궤미로 내 마음을 **빼앗았구나**. 내 누이 내 신부야, 네 사랑이 어찌 그리 아름다운지 네 사랑은 포도주보다 진하고 네 기름의 향기는 각양 향품보다 **향기롭구나**" (아 4:9-10).

마지막 때 예언적 그림

　이것은 단순한 한 여인의 이야기를 뛰어넘는 것이다. 왕후 와스디
와 에스더의 내용은 마지막 때 나타날 오만한 음녀 바벨론과 영광스럽
고 겸손한 그리스도 신부에 관한 뚜렷이 대조되는 예언적 그림이다.
둘 다 여인들이다. 여인들은 세대를 낳는 존재들이다. 왕후 와스디가
의미하는 것은 믿지 않는 자들이 아니다. 믿는 자들로 왕궁에 들어온
자들이다. 오만함으로 자리를 박탈당하는 배교하는 여인들이 될 것이
다. 왕후 와스디가 왕궁에 있었지만, 자격이 박탈되어 쫓겨났듯이 마
지막 때 배교하는 오만한 믿는 자의 그룹도 주님의 임재로 나아오는
접근권이 박탈될 것이다. 요한계시록 17, 18장은 공동체적인 왕후 와
스디인 바벨론 음녀에 대하여 묘사하고 있다. 교만한 음녀의 멸망은
와스디의 폐위처럼 예언되어 있다.

　**그 여자는 자주 빛과 붉은 빛 옷을 입고 금과 보석과 진주로 꾸미고
손에 금잔을 가졌는데… (계 17:4).**

　**그가 얼마나 자기를 영화롭게 하였으며 사치하였든지 그 만큼 고통
과 애통함으로 갚아 주라 그가 마음에 말하기를, '나는 여왕으로 앉은
자요 과부가 아니라 결단코 애통함을 당하지 아니하리라…화 있도다
화 있도다 큰 성, 견고한 성 바벨론이여 한 시간에 네 심판이 이르렀다**

하리로다'…그러한 부가 한 시간에 망하였도다…이 큰 성이여 바다에서 배 부리는 모든 자들이 너의 보배로운 상품으로 치부하였더니 한 시간에 망하였도다 (계 18:7, 10, 17).

신랑 예수님은 계시록 17-18장에서 음녀 바벨론을 박탈하시고, 계시록 19장에서는 어린양의 혼인잔치를 위해 자기 자신을 준비한 아내를 드러내신다. 극과 극이 되는 여자들로 표현되었다. "우리가 즐거워하고 크게 기뻐하며 그에게 영광을 돌리세 어린 양의 혼인기약이 이르렀고 그의 아내가 자신을 준비하였으므로 그에게 빛나고 깨끗한 세마포 옷을 입도록 허락하셨으니 이 세마포 옷은 성도들의 옳은 행실이로다" (계 19:7, 8).

에스더서에 기록된 이 역사적인 스토리는 다시 펼쳐질 마지막 때의 스토리가 될 것이다. 여기서 우리가 중요하게 배워야 할 것이 있다. 그것은 왕후가 되는 것은 오직 그분의 자비와 은혜로 말미암아 가능하지만, 왕후가 된 자가 오만함으로 행하면 그 받은 자비와 은혜가 송두리째 박탈당할 수 있다는 것이다. 세상 나라인 페르시아에서도 그랬는데 하물며 영원한 하나님 나라에서는 오죽하겠는가? 우리가 그분의 신부가 되는 것은 오직 그분의 자비하심으로 가능하지만, 우리는 그분의 은혜를 힘입어 왕후(신부)로서의 아름다움이 준비되어야 한다. "슬기 있는 자들은 그릇에 기름을 담아 등과 함께 가져갔더니" (마 25:4)

마지막 때 기름 부음: 에스더와 룻

에스더가 왕으로 나아가기 위해 늘 준비하였던 것이 기름이었다. 이 기름이 의미하는 것은 친밀함의 기름 부음이다. 왕이 받기에 합당한 몸, 왕이 받기에 합당한 마음, 왕이 받기에 합당한 영의 순결함을 준비하는 것이다. **"평강의 하나님이 친히 너희를 온전히 거룩하게 하시고 또 너희의 온 <u>영과 혼과 몸</u>이 우리 주 예수 그리스도께서 강림하실 때에 <u>흠 없게</u> 보전되기를 원하노라"** (살전 5:23). 복음은 값없이 받지만, 친밀함의 기름은 사야 한다. 값을 치러야 한다. 그 값이 무엇인가? 모든 삶을 재조정하는 것이다. 왕이 모든 여자보다 에스더를 더 사랑하기 위해 에스더는 기름으로 자신을 준비하여야 했다. 슬기로운 다섯 처녀들도 기름을 준비하였다. 몰약의 기름은 자아의 죽음을 뜻한다. 우리 안에 세상을 사랑하고 육신의 욕심을 사랑하는 자아가 해결되지 않고 왕 앞에 나가는 것은 불가능하다. 세상을 사랑했던 냄새가 몰약으로 인해 사라지면, 이제야 주님의 기름 부음이 내 안에 흐르기 시작한다. 말씀과 기도와 예배가 깊어진다. 기름 부음이 깊이 스며들어 가기 시작한다. 이 친밀함의 기름 부음이 깊게 준비되는 동안 에스더는 경외함으로 스스로를 준비하였다. 룻도 보아스로 나아갈 때 목욕하고 기름을 바르고 의복을 입고 보아스에게 나아갔다. 신랑이자 왕이신 예수님을 기다리는 우리의 자세는 에스더와 룻의 자세가 되어야 한다. 우리는 지금 이 기름을 사야만 한다. 이 기름은 반드시 희생(시간,

에너지, 재정, 관계)이 따르게 되어 있다. 영원의 관점에서 보면 희생이 아니라 투자가 훨씬 더 정확한 말일 것이다.

…왕에게 나아가기 전에 여자에 대하여 정한 규례대로 열두 달 동안을 행하되 여섯 달은 몰약기름(자아가 죽는 시간, 마른 땅이 성령으로 비옥해지는 시간)을 쓰고 여섯 달은 향품과 여자에게 쓰는 다른 물품을 써서(성령으로 각양 향기름같은 성품이 준비되는 시간), 몸을 정결하게 하는 기한을 마치며…왕이 모든 여자보다 에스더를 더 사랑하므로…왕이 그의 머리에 관을 씌우고 와스디를 대신하여 왕후로 삼은 후에 왕이 크게 잔치를 베푸니 이는 에스더를 위한 잔치라 (에 2:12, 17, 18).

그런즉 너는 목욕하고 기름을 바르고 의복을 입고 타작마당에 내려가서… (룻 3:3).

슬기로운 자들은 그릇에 기름을 담아 등과 함께 가져가더니…미련한 자들이 슬기 있는 자들에게 이르되, 우리 등불이 꺼져가니 너희 기름을 좀 나눠달라 하거늘 슬기 있는 자들이 대답하여 이르되, '우리와 너희가 쓰기에 다 부족할까 하노니' 차라리 파는 자들에게 가서 너희 쓸 것을 사라 하니. 그들이 사러간 사이에 신랑이 오므로 준비하였던 자들은 함께 혼인 잔치에 들어가고 문은 닫힌지라 (마 25:4, 10).

에스더는 왕후가 된 후에 더욱 자신을 돌보았다. 왕 앞에 능동적이었지만, 겸손함을 잃지 않았다. 에스더는 자신의 유대 민족을 모두 구할 만큼 담대하였지만 와스디처럼 뻔뻔하지 않았다. 룻도 나오미(이스라엘)를 살리기 위해 밤에 보아스의 발 밑에 눕는 담대함이 있었지만 뻔뻔하지 않았다. 그렇다면, 이 담대함과 뻔뻔함의 차이는 무엇인가? 담대함은 왕 앞에 나아갈 때 받을 것을 당연한 것으로 생각하지 않는 것이다. 왕에게 꿔 준 것을 받으러 온 빚쟁이처럼 구하는 것은 담대함이 아니라 뻔뻔함이다. 우리는 모두 어느 부분에선 너무 뻔뻔할 때가 있다. 우리는 모두 죄인이었으며, 영원한 죽음과 심판을 받기에 합당한 자들이었음을 잊어서는 안 된다. 용서받은 죄인은 언제든지 다시 죄를 지을 수 있음을 기억해야 한다. 담대함은 자신의 위치와 자신이 가진 모든 것들이 왕에게로부터 왔음을 인지하며, 마음으로 감사해야 한다. 늘 왕 앞에 나아갈 때 그분의 자비로우심과 은혜로우심을 의지하여 나아가는 자세를 가져야 한다. 이 자세는 왕이신 예수님께 너무도 중요하다. 이 자세를 지닐 때 우리는 예수님에게 매력적인 존재로 준비되는 것이다. 이 자세가 지속적으로 나타나야 되는데 성경은 이것을 '옷 입는다'라는 표현을 썼다. 그만큼 자연스럽게 되어져야 한다는 뜻이다. **"너희는 유혹의 욕심을 따라 썩어져 가는 구습을 따르는 옛 사람을 <u>벗어 버리고</u> 오직 너희의 심령이 새롭게 되어 하나님을 따라 의와 진리의 거룩함으로 지으심을 받은 새 사람을 <u>입으라</u>"** (엡 4:22-24).

이것은 단순한 자세가 아니라, 우리가 기름 부음처럼 입혀지는 영역이기 때문이다. 이런 자세는 한 번 하는 것이 아니라 지속적으로 부어져야 하는 것이다. 그것이 지속적으로 부어질 때 우리는 더 자연스럽고 쉽게 그 영으로 행할 수 있게 되는 은혜를 입게 된다. 교만한 사람의 교만한 자세는 자신의 교만한 육신과 함께, 그 배후에 교만의 영이 작동하는 것이다. 음란한 사람의 음란한 생각은 자신의 음란한 생각과 함께, 그것을 묵상하는 순간 음란의 영이 작동하는 것이다. 조종하는 사람의 조종하려는 말은 자신도 조종의 영에 노예처럼 굴복당하고 있다는 것을 잘 모르는 것이다. 예수님이 우리의 주인이 될 때, 우리는 노예처럼 일하지 않을 수 있다. 우리에게 성령의 기름 부음이 입혀질 때 남을 종처럼 부리려고 하는 것과 조종하려는 것에서 벗어나고 존중과 사랑으로 그들을 대하고 싶어진다. 예수님은 우리를 노예로 부르지 않으셨다. 우리를 신부로 부르셨고 우리를 신부로서 소중히 여기신다. 그분의 말을 듣는 자는 그분의 말을 하게 되어 있다. 그분의 생각을 듣는 자는, 그분의 생각을 품게 되어 있다. 그분의 얼굴빛을 받는 자는 어둠이 아닌 빛을 발하게 되어 있다. 자세는 영인 것이다. 우리가 사랑으로 대접받고 있다면 남도 사랑으로 대접하고 싶어진다.

에스더는 왕 앞에 나아갈 때 언제라도 자신이 죽을 수 있다는 것을 알았다. 룻은 보아스에게 나아갈 때 언제라도 거절될 줄 알았다. 왕후 와스디는 왕에게 나갈 때 자기가 거절될 수 있다는 경외함이 있었던 것이 아니라, 왕이 불러도 반응하지 않아도 된다는 뻔뻔함이 있었다. 그 뻔뻔함은 그녀의 모든 것을 빼앗아 갔다. 그녀의 뻔뻔함은 그날만 기분이 좋지 않아서 그랬던 것이 아니라, 이미 오래전부터 교만함의 싹이 자라고 있었는데 그날 충만하게 되어 열매같이 결실을 맺은 것이다. 왕후 와스디가 광대한 제국의 7일 동안 벌어지는 성대한 파티에 자신이 왕 앞에 나가야 한다는 것을 몰랐을까? 당연히 알고 있었다. 하지만, 이 왕후는 자신의 아름다움에 취해서 사치와 호화로운 삶을 살다가 다른 관리의 여인들을 모두 자신과 같이 방탕으로 달음질하는 길로 내딛게 하였다.

우리 이방인 믿는 자들의 믿는 태도는 어떠해야 하는가?

옳도다 그들은 믿지 아니하므로 꺾이고 너는 믿으므로 섰느니라 높은 마음을 품지 말고 도리어 두려워하라 하나님이 원 가지들도 아끼지 아니하셨은즉 너도 아끼지 아니하시리라 (로마서 11:20-21).

우리 이방인 믿는 자들이 만왕의 왕이요, 만주의 주 되신 주님 앞에 서는 날이 온다는 것을 모르는가? 모를 리 없다. 대부분의 사람들은 주님의 재림에 대하여 알고 있다. 하지만, 준비하기가 싫은 것이다. 이것이 왕후 와스디의 자세다. 이것은 미련한 다섯 처녀의 자세다. 이 자세는 자신이 하나님의 왕국에 초청되었고 신부의 정체성을 가지고 있지

만, 그것의 진정한 가치를 알지 못하기 때문에 스스로 사치에 취해서
왕이 부를 때 거절하게 하는 것이 될 것이다. 자신은 언제든지 왕이 부
르면 갈 것이라 생각하지만, 준비하지 않은 자는 왕 앞에 나아가지 않
을 것이다. 나아갈 기름 부음이 없는 것이다. 자신의 기름 부음이 없다
는 것을 발견하는 순간 발이 굳어 왕 앞에 나갈 수 없을 것이다. 하지
만, 룻과 같이 나오미를 붙좇는 여인들이 일어날 것이다. 에스더와 같
이 목숨을 걸고 **"죽으면 죽으리이다"**라는 결단함으로 왕에게 나아가는
신부들이 일어날 것이다. 룻과 같이 **"내가 죽는 일 외에 어머니를 떠나
면 여호와께서 내게 벌을 내리시고 더 내리시기를 원합니다"**라 말하며
왕에게 나아가는 신부들이 일어날 것이다. 보아스는 이런 룻의 아름다
움을 보았을 때 이 룻에게서 올라오는 향을 발견하게 되었다. 자아 죽
음의 몰약의 향을 보게 되었다. 이 몰약의 향기가 보아스의 마음을 사
로잡은 것이다.

**네 남편이 죽은 후로 네가 시어머니에게 행한 모든 것과 네 부모와
고국을 떠나 전에 알지 못하던 백성에게로 온 일이 내게 분명히 알려
졌느니라. 여호와께서 네가 행한 일에 보답하시기를 원하며 이스라엘
의 하나님 여호와께서 그의 날개 아래에 보호를 받으러 온 네게 온전
한 상 주시기를 원하노라 하는지라 (룻 2:11-12).**

룻은 남편을 잃고, 고국을 등지고, 가난뱅이 과부가 되었다고 보아

스에게 나아가길 부끄러워하지 않았다. 에스더는 자신의 민족이 멸망당하고, 부모 없는 고아로 자랐다고 해서 왕 앞에 나아가길 부끄러워하지 않았다. 바로 이것이 담대함이다. 나의 형편, 나의 배경, 학벌, 가정환경, 세상적인 어떠함으로 왕에게 나아가길 부끄러워하지 않는 것이다. 아무것도 의지하지 않고, 오직 왕의 자비하심과 은혜로우심만을 의지하며 경외함으로 왕 앞에 나아가는 것이다. 아하수에로 왕의 마음을 빼앗은 것은 왕의 은혜로우심만을 기대하며 담대히 나간 에스더였다. 보아스의 마음을 빼앗은 것은 보아스의 은혜로우심만을 기대하며 담대히 나간 룻이었다. 담대함은 불타는 원함에서 나온다는 것을 룻을 통해 우리는 알 수 있다. 룻은 보아스에게 은혜 입기를 간절히 원했다. 동시에 자신을 제대로 보았다. 그것이 겸손이다. **"룻이 이르되, '내 주여, 내가 당신께 은혜 입기를 원하나니이다. 나는 당신의 하녀 중의 하나와도 같지 못하오나 당신이 이 하녀를 위로하시고 마음을 기쁘게 하는 말씀을 하셨나이다"** (룻 2:13). 룻에게는 강렬한 몰약의 향이 피어오른다. 교회가 모든 것이 다 있는데 신랑 왕을 전심으로 사랑하는 마음이 빠져 있다면, 왕후 와스디와 같이 수치를 당하게 될 것이다. 하지만, 반대로 룻과 에스더와 같이 아무것도 없지만 오직 왕을 전심으로 사랑한다면 결단코 수치를 당하지 않을 것이다. **"볼지어다 내가 네 앞에 열린 문을 두었으되 능히 닫을 사람이 없으리라 내가 네 행위를 아노니 네가 작은 능력을 가지고서도 내 말을 지키며 내 이름을 배반하지 아니하였도다"** (계 3:8).

이스라엘의 광야에 핀 아네모네 꽃은 룻의 열정을 연상케 한다. 그리고, 신랑 왕 예수님을 열정적으로 사랑하는 그리스도의 신부를 연상케 한다. 아네모네 꽃은 아가서에 나오는 '샤론의 장미(the rose of Sharon, 아 2:1)'다. 히브리어로는 하바쩰레트라는 이 단어는 성경에 두 번 나온다(아 2:1; 사 35:1). 룻에게는 광야에 핀 아네모네 꽃과 같은 붉은 열정이 느껴진다. 그 열정은 자신의 힘이 아닌 그 신랑의 힘을 의지하며 거친 광야에서 올라오는 몰약의 향 같다.

그의 사랑하는 자를 의지하고 거친 들에서 올라오는 (몰약의 향 같은)여자가 누구인가? 너로 말미암아 네 어머니가 고생한 곳 너를 낳은 자가 애쓴 그 곳 사과나무 아래에서 내가 너를 깨웠노라 (아 8:5).

왜 몰약인가? 몰약처럼 자신을 희생하신 그리스도의 향기가 그녀에게도 나기 때문이다. 신랑의 몰약의 향이 신부에게서도 동일하게 나고 있는 것이다. 룻은 자기 자신이 살고자 하는 육의 냄새가 아닌 나오미를 섬기고자 했던 자아 죽음의 몰약의 향이 난다. 마지막 때 쇼파(shofar)를 불 마지막 때 교회는 어떻게 자신을 준비할 수 있을까? 그것의 핵심적인 대답을 룻에게서 발견할 수 있다. 교회가 부르심을 깨닫고 이스라엘을 위해 몰약처럼 자신을 쏟아부을 때 주님은 이스라엘을 영적으로 회복시켜 주실 것이다.

이는 혹 내 골육을 아무쪼록 시기하게 하여 그들 중에서 얼마를 구원하려 함이라 (롬 11:14).

제4장

보이는 오른손과 보이지 않는 왼손

생명의 근원

롯의 여정의 시작은 자신 안에 소망이 없다는 것을 발견하는 것이었다. 롯의 여정은 장조가 아닌 단조로 시작되었다. 롯의 남편은 죽었고 롯이 붙잡은 것은 오직 나오미였다. 하지만, 성경이 우리에게 더 자세히 문맥을 통해 말해 주는 것은 롯이 붙잡은 것은 단순히 유대인 나오미가 아니라, 그 뒤에 역사하시는 이스라엘의 하나님을 붙잡았다는 것이다. 롯은 나오미의 하나님의 이름을 알고 있었고, 또한 그분을 경외하는 마음이 있었다.

…어머니의 하나님이 나의 하나님이 되시리니…어머니를 떠나면 여호와께서 내게 벌을 내리시고 더 내리시기를 원하나이다 하는지라 (룻 1:16, 17).

롯이 나오미와 함께 가기를 굳게 결정한 행동은 오직 여호와 하나님만이 자신의 소망임을 믿었던 롯의 믿음의 행동이었다. 비롯 이스라엘 자손일지라도 여호와 하나님을 버리는 자는 수치를 당하고 저주를 당했다. 왜냐하면 그분이 모든 사람의 생수의 근원이시기 때문이다. 헐몬산에서 흘러나오는 폭포수는 이스라엘의 모든 물의 근원이 되는 것처럼 하나님은 우리의 생명의 근원이 되신다. **"이스라엘의 소망이신 여호와여, 무릇 주를 버리는 자들은 다 수치를 당할 것이라. 무릇 여호와를 떠나는 자는 흙에 기록 되오리니 이는 생수의 근원이신 여호와를 버림이니이다"(렘 17:13).** 룻은 나오미의 하나님을 굳게 믿었다. 그 뜻은 룻이 모압의 이방신들을 모두 버리고 이스라엘 하나님만을 선택했다는 것이다. 룻의 남편은 죽었지만, 여호와께서 룻의 남편이 되어 주셨다. 룻은 비록 여호와께서 자신의 남편이 되어 주신다는 것을 몰랐더라도, 하나님은 그분의 언약백성에게 그들의 남편이 되어 주셨듯이 룻에게도 남편이 되어 주신 것이다. **"…나는 너희 남편임이라…"(렘 3:14).** 룻의 여정의 핵심은 구원자 보아스를 만나는 것이었지만, 이 일은 누구나 원한다고 해서 이루어질 수 있는 것이 아니었다. 룻이 이스라엘의 하나님에게 그녀의 모든 것을 던졌을 때, 하나님도 그녀에게 반응해 주신 것이다.

일을 행하시는 여호와, 그것을 만들며 성취하시는 여호와, 그의 이름을 여호와라 하는 이가 이와 같이 이르시도다. 너는 내게 부르짖으라 [1) 나에게 삶을 던지라, 2) 전심으로 나를 의지하라]. **내가 네게 응답하겠고 네가 알지 못하는 크고 은밀한 일을 네게 보이리라 (렘 33:2, 3).**

보이는 오른손

룻은 자신의 삶에서 깊은 절망을 경험하였다. 그럴 때 그녀는 유일한 소망으로 이스라엘의 하나님, 여호와 하나님을 자신의 소망으로 붙잡았고 그녀를 그분께 던졌을 때 그분은 그 부르짖음을 들으시고 크고 은밀한 일을 행하시기 시작하신 것이다. 여기서 그 일이란 그녀의 부르심이다. 룻의 부르심은 구원자 보아스를 만나는 것이었기에 주님께서 그녀가 보아스를 만나도록 일을 만들기 시작하신 것이다.

룻이 가서 베는 자를 따라 밭에서 이삭을 줍는데 <u>우연히</u>…보아스에게 속한 밭에 이르렀더라 (룻 2:3).

<u>마침</u>…보아스가 베들레헴에서부터 <u>와서</u>… (룻 2:4).

'우연히', '마침'이란 단어를 보라. 이런 우연은 아무 때나 일어나는 것이 아니었다. 그녀가 모압 땅에 있었을 때는 이런 우연들이 일어나지 않았다. 그녀가 남편이 있을 때는 이런 우연은 일어나지 않았다. 하지만, 그녀의 남편이 죽었을 때, 모압의 좋은 것으로부터 단절되었을 때 그리고 절대 절명의 순간에 자신을 하나님께 던지고, 그분께 부르짖었을 때 이 '우연'은 그분의 지휘하심 가운데 벌어진 것이다. 그리고 '마침' 그 구원자 보아스가 베들레헴으로부터 오게 되었다. 이런 '마침'

의 순간은 하나님이 주시는 신적인 순간이며 오직 하나님만이 만드실 수 있는 신적인 만남이다. 그 누구도 그분의 은혜에서 빗나갈 수 없다. 그분이 문을 닫으시면 열 자가 없고, 여시면 닫을 자가 없기 때문이다. **"…거룩하고 진실하사 다윗의 열쇠를 가지신 이 곧 열면 닫을 사람이 없고 닫으면 열 사람이 없는 그가…"** (계 3:7). 그분은 룻에게 저주의 문을 닫으시고, 은혜의 문을 열기 시작하셨다. 룻은 그 은혜의 서광을 마주하고 있었지만 그 서광을 느끼지 못했다. **"빛이 어둠에 비치되 어둠이 깨닫지 못하더라"** (요 1:5). 우리가 하나님께 부르짖을 때 주님은 반드시 일하신다. 우리의 역할은 우리 자신을 그분께 온전히 던지는 일이다. 그럴 때 그분은 반드시 우리의 부르짖음을 들으신다. 이 부르짖음은 단순한 소리가 아니다. 이 부르짖음은 룻이 만들어 냈던 영의 소리, 믿음의 행동, 의지적인 행동이다. **"죽음 외에는 나를 여호와… 하나님께로부터 나눌 수 없습니다"**라는 의지의 소리, 영의 소리다. 이 소리는 육의 사람이 들을 수 없지만 주님은 들으신다. 하나님은 우리가 인식하지 못할 때에도 우리를 위해 은혜의 문을 열기 시작하신다. 하나님은 천사를 파송하시고, 하나님의 사람들을 모으셔서 '우연히' 사람들을 만나게 하시고 '마침'이라는 해결의 문을 여시며 돌파의 서광을 비춰 주시기 시작하신다. 하나님은 이와 같이 크고 비밀한 일을 성취하시는 여호와시다.

씨앗과 좋은 땅

씨앗이 좋은 땅을 만나면 일이 시작된다. 바로 죽음이 시작됨과 동시에 생명이 나오길 준비하는 작업이 태동되는 것이다. 꽃가루가 수정이 되면 이제 열매를 맺는 일이 시작되듯이 하나님은 반드시 우리의 마음상태와 의지적 결단을 요구하신다. 이런 결단은 꽃가루가 수정되는 역할을 하기 때문이다. 씨앗과 꽃가루 안에 이미 그 생명을 지니고 있지만 땅에 심기고 수정되기 전까지는 생명으로 나올 수 없다. 우리의 결단이 삶을 내거는 영의 울부짖음이라면 주님은 그때 유다의 사자처럼, 용사처럼 일어서신다.

여호와께서 용사같이 나가시며 전사같이 분발하여 외쳐 크게 부르시며 그 대적(부르심을 막는 것)**을 크게 치시리로다 (사 42:13)**

보이지 않는 왼손

룻은 빛의 서광은 느꼈지만 아직 그 빛을 충분히 알아차리지 못했다. 하지만, 우리가 알아차리지 못하는 순간에도 하나님의 은혜는 얼마나 따뜻한지, 주님은 보이는 오른손으로 일하시지만 보이지 않는 왼손으로도 일하신다. "**그가** (보이지 않는)**왼손으로 내 머리에 베게 하**

고 (보이는)**오른손으로 나를 안는구나" (아 2:6).** 하나님이 예수님의 출생지가 될 베들레헴으로부터 보낸 보아스라는 축복이 룻의 눈으로도 보일 만큼 가까이 다가왔다. 룻기 2장 4절에서 보아스가 룻에게 축복해 준 말은 하나님의 임재가 있기를 축복한 것이고, 이것은 우리가 받을 수 있는 가장 큰 축복이다. 임마누엘의 하나님! "···**여호와께서 너와 함께 하시기를 원하노라···" (룻 2:4).** 주님께서 함께하실 때 축복도 함께 오는 것이기 때문이다. 그런데 하나님께서 우리와 함께하실 수 있는 유일한 방법은 내 육신의 정욕이 죽어야만 한다. 그분은 지극히 거룩하신 분이라서 타락한 인간과 같이 거하실 수 없으시기 때문이다. 하나님의 임재가 우리 가운데 머무시는 일이 실현되려면 누군가 죗값을 치루어 주셔야만 임마누엘의 하나님을 경험할 수 있는 것이다. 예수님의 예표인 보아스는 그것을 선포한다. 임마누엘의 하나님! 우리의 죗값을 치르시는 **'기업을 무르는 자'**가 물어야 하는 값은 '목숨'이다. 이 보아스는 목숨값(신부 값-신부를 사오는 가격)을 치르고 신부를 취하시는 구원자 되신 예수님의 예표다. 이 보아스가 룻에게 말하는 첫 마디가 무엇이었는가? 하나님이 너와 함께하길 원한다라는 뜻의 '임마누엘의 하나님'이었다. 그리고 보아스는 룻에게 다른 곳을 가지 말고, 그가 하나님의 일(임마누엘; 연합된 임재, 결혼)을 성취하기 위해 룻에게 한 가지 부탁할 것이 있었다. 룻은 아직 보아스도 모르고 아직 하나님의 그녀를 향한 계획과 큰 사랑을 알지 못했다. 그럴 때 보아스는 룻에게 부탁한다. 다른 곳으로 떠나가지 말고, 이 밭에 머물러 달라고 말이다. 다른 밭으로만 가지 말고, 오직 내 밭에서만(하나님이 지명하신 은혜의 장소) 이삭을 주으라고 부탁한다.

보아스가 룻에게 이르되, "내 딸아 들으라 이삭을 주으러 다른 밭으로 가지 말며, 여기서 떠나지 말고 나의 소녀들과 함께 있으라" (룻 2:8).

우리가 아무것도 모를 때에도 주님은 보이지 않는 배후에서 일하신다. 모든 상황 뒤에서 보이지 않게 일하시며 우리의 머리 뒤로 하나님의 왼손으로 팔베개 해 주시며 우리가 이 일에 대해서 쉬도록 하신다. 보아스를 보내셔서 하시는 일에는 룻이 할 것이 없었다. 하나님은 보아스를 통해서 하나님의 불타는 열정으로 룻을 위해 그분의 일을 이루고 계셨던 것이다. 룻이 해야 했던 일은 하나님의 지명된 은혜의 장소인 보아스의 밭에 머무는 일이었다. 주님은 룻으로 하여금 겸손의 자세를 유지하도록 하셨다. 그분의 은혜를 열매라는 형태가 아닌 이삭이라는 형태로 주셨다. 겸손의 자세를 취해야 얻을 수 있는 것이 이삭이다. 룻과 같이 우리가 해야 할 것은 하나님이 '우연히', '마침'이라는 시즌에 은혜의 밭으로 인도하실 때 교만함으로 쉽게 그 은혜의 장소를 떠나지 말아야 한다. 주님의 은혜의 이삭을 겸손함으로 취해야 한다. 하나님이 열매가 아닌 이삭이라는 형태로 주실 때 우리는 감사함으로 그곳에 머물러 있어야 한다.

이 이삭(육과 영의 양식)은 주님이 거저 주시는 것이다. 우리는 하나님이 천사들에게 명하시는 하늘에서 벌어지는 일들을 볼 수 있는 믿음의 눈이 있어야 한다! 이 이삭은 주님께서 우리에게 주권적으로 주도록 '명령하신 은혜'다.

…내가 그 소년들에게 <u>명령하여</u> 너를 건드리지 말라 하였느니라. 목이 마르거든 그릇에 가서 소년들이 길어 온 것을 <u>마실지니라</u> 하는지라 (룻 2:9).

거저 주시는 은혜와 겸손

아무것도 없는 사람들이 '거저 주시는 은혜'를 받는 것은 생각보다 쉬운 일이 아니다. 허리를 숙여 받는 일은 겸손을 필요로 하기 때문이다. 한없이 받기만 한 사람들은 자신이 주고 싶어서 견디지 못한다. 자신의 의지와 상관없이 상황이 어쩔 수 없어 받는 사람들은 자존심 상해한다. 일반적으로 사람들은 내면 깊은 곳에 베풀 때 더 큰 기쁨을 느낀다. 받는 것도 겸손함이 있어야 받을 수 있다. 하나님은 먼저 주시는 분이다. 그리고 열매로 되찾으신다. 신부 된 우리가 먼저 받지 못한다면 우리는 곧 메마르게 될 것이다. 우리는 받아야만 줄 수 있는 존재들이다. 그래서 교회와 이스라엘이 여성형인 것이다. 아내들은 남편에게 받을 때 사랑을 느끼고 또 메마르지 않고 풍성히 베풀어 줄 수 있게 된다. 룻은 겸손함으로 자기에게 왜 은혜를 베푸시는지에 대한 이유를 보아스에게 묻는다.

룻이 엎드려 얼굴을 땅에 대고 절하며 그에게 이르되, "나는 이방 여인이거늘 당신이 어찌하여 내게 은혜를 베푸시며 나를 돌보시나이까?" (룻 2:10).

"내가 받을 이유가 없는데…왜 주시나요?" 사람들은 자신이 행한 것에 반하여 받는 것을 편안해 한다. 그 이유는 우리가 '자기 의'를 드러내는 것이 우리 본성이기 때문이다. 열심히 일하고 벌어서 받는 것이 '자기 의'다. 열심히 일하지도 않았는데 받는 것이 하나님의 의의 선물이다. 우리가 열심히 일해서 받으면 우리의 대가, 보상, 삯을 요구한다. 하지만, 우리가 일하지도 않았는데 거저 받으면 우리는 대가와 보상, 삯을 요구할 자격이 없다. 내가 거저 받았다는 것을 인식하여 내가 거저 줄 수 있는 자가 되는 것이 하나님의 방법이다. 선을 행할 때 선을 행하는데 짜증나고 힘든 이유는 이 선이 '자기 선'(육신의 열매)이기 때문이다. 하나님이 주시는 힘, 하나님이 주시는 은혜로 하면 우리는 대가와 삯을 찾지 않고, 합당한 것으로 여기고 억울해하지 않을 것이다. 하나님의 선함(성령의 열매)으로 우리는 줄 수 있는 자가 된다. 은혜로 사는 자는 그래서 강력하다. 거저 받았으니 거저 주게 되기 때문에 강력해지는 것이다. 거저 받는 법을 배워야 거저 줄 수 있다. "…너희가 거저 받았으니 거저 주어라" (마 10:8). 거저 받은 것을 주지 않으면 썩게 되고, 거저 받지 않은 것을 주려 할 때 자기 의를 드러내게 되기 때문이다. 이것이 하나님의 킹덤 안에서 은혜로 성장하는 법이다.

룻은 자신에게 한없이 잘해 주는 이 보아스에게 자신의 어떠함이 아닌 그분의 은혜를 거절하지 않고(막지 않고), 흘러오도록 허락한다.

룻이 이르되, "내 주여 내가 당신께 은혜 입기를 원하나이다…" (룻 2:13).

은혜 베푸시는 3가지 이유

이 진리는 복음을 이해하는 데 매우 중요하다. 룻은 자신의 노력에 의해서 이삭(은혜)을 줍게 된 것이 아니라는 것을 깨달은 것이다. 룻은 처음에 은혜받을 만한 조건을 자신에게 찾았기 때문에 의아해했다. 룻은 이방 여인이었고 과부였고 가진 것 하나도 없는 초라한 외국인 여자였기 때문이다. 한국으로 치면 몽고나 베트남에서 온 가진 것 없는 한국말 잘 못하고 한국 시어머니랑 같이 사는 외국인 젊은 과부 정도 될지도 모른다. 믿는 자들은 룻과 같은 소수민족들에게 특별히 친절함과 사랑함으로 대해야 한다. "왜 저에게 은혜를 베푸시죠?"라는 것이 룻에게는 가장 큰 의문이었다.

보아스가 은혜를 베풀었던 이유는 세 가지가 복합되었기 때문이었다. 첫째, 보아스 자체가 은혜로운 자였기 때문이었다. 둘째, 룻이 여호와 하나님을 전심으로 찾았기 때문이다. 셋째, 그 전심의 마음이 하나님 아버지의 마음을 전률하였고, 또한 보아스의 마음에까지 전달되었기 때문이다(룻 1:16, 17).

…네가 시어머니에게 행한 모든 것과 네 부모와 고국을 떠나 전에 알지 못하던 백성에게로 온 일이 <u>내게 분명히 알려졌느니라.</u> 여호와께서 네가 행한 일을 보답하시기를 원하며 이스라엘의 하나님 여호와께서 그의 날개 아래에 보호를 받으러 온 네게 온전한 상 주시기를 원하노라 (룻 2:11, 12).

룻은 여호와 하나님이 은혜로우신 분이셔서, 자신에게 보아스를 보내어 은혜 베풀어 주시기를 원한다는 것을 계시적으로 알게 된 것이다. 이럴 때, 룻은 되갚아야 하는 부담스러운 마음으로 받은 것이 아니라, 돌려줄 수 없기에 전적인 은혜로 인식하며 기쁨 마음으로 받을 수 있었던 것이다. **"내 주여 내가 당신께 은혜 입기를 원하나이다"** (13절). 보아스가 룻에게 주는 것은 룻이 받아야 할 마땅한 것이 아니었다.

로마서 4장과 히브리서 4장

　로마서 4장은 룻과 반대되는 '일하는 자'에 대하여 말하고 있다. 일하는 자는 은혜를 마땅히 받을 보수 또는 삯으로 여긴다. 룻은 마땅히 받아야 할 자세로 보아스에게 나아가지 않았다. **"일하는 자에게는 그 삯이 은혜로 여겨지지 아니하고 보수로 여겨지거니와…"** (롬 4:4). 성경에서는 그리스도의 몸인 우리가 서로를 사랑하고, 섬겨야 하는 것을 강조하고 있다. **"형제를 사랑하여 서로 우애하고, 존경하기를 서로 먼저하며 부지런하여 게으르지 말고 열심을 품고 주를 섬기라…성도들의 쓸 것을 공급하며 손 대접하기를 힘쓰라"** (롬 12:10-13). 하지만, 우리가 말씀을 순종하려고 열심히 봉사하고 사역으로 섬기다 보면 내 안에 힘이 바닥이 날 때가 있다. 그럴 때 내면 깊은 곳에서 우러져 나오는 말이 있다. "내가 여기까지 했는데…내가 받는 것이 무엇인가요?…세상에서 이렇게 봉사하고 일하면 얼마를 벌 수 있을 텐데…" 육의 마음에서 올라오는 생각은 "억울하다", "내가 꼭 이거 해야 하나…"라는 생각과 마음이다. 이럴 때 우리는 다시 복음으로 돌아가야 한다. 복음은 죽음을 말하고 있고, 죽음은 바로 안식이라고 말하고 있다. 복음은 기쁜 소식인데 성경은 말하길 그리스도 안에서 육신이 죽는 것이 복음이란 것이다. 이것이 로마서 4장 4절이 말하고 있는 바다. 일하는 자란 바로 내 힘(육신의 자랑)으로 주의 일을 하는 사람들이다. 내 힘으로 일을 했다는 것은 무슨 말인가? 우리는 하나님의 일을 할 때 반드시 죽은 후(안식후)에 일을 해야만 하는데, 이는 내 육신으로 일을 열심히 하려 하기 때문이다. 살아 있는 자는 자신의 힘으로 했기 때문에 육신을 자랑하고 보수를 받으려는 자세로 하나님께 나아간다. 히브리서 4장 10절에서 그의 안식에 들어간 자는 '자기의 일을 쉰다'고 말하고 있다. 또한 히브리서 기자는 '이 안식에 들어가기를 또한 힘쓸 것'을 강조하고 있다. **"이미 그의 안식에 들어간 자는 하나님이 자기의 일을 쉬심과 같이 그도 자기의 일을 쉬느니라 그러므로 우리가 저 안식에 들어가기를 힘쓸지니…"** (히 4:10, 11).

우리는 가정에서나, 교회에서나, 직장에서나 안식 안에서 일해야 한다. 안식 안에서 일한다는 것은 복음의 역설이다. 룻이 보아스의 이삭을 받기 위해서는 그녀 안에 보아스에 대한 감사의 마음이 100%로 차 있었을 때 은혜 안에서 안식할 수 있었고, 그것이 또한 하나님께 영광이 되었다. 왜 그런가? 룻은 그녀가 받은 것이 절대적이고 온전한 하나님의 은혜임을 확신하였기 때문이었다. 하나님의 은혜 안에 숟가락 하나 얹어서 자기의 의를 드러내는 것은 안식일을 더럽히는 인간의 의다. 룻이 외모가 아름다워서 받았다라는 생각이 들었다면 은혜에 숟가락 하나 얹은 것이 될 것이지만, 룻은 그런 것 없이 완전히 엎드렸다. 대제사장도 아름다운 에봇을 성소까지 입다가도 하나님의 임재의 깊은 장소인 지성소에 들어갈 때는 흰 세마포 하나만 입고 들어간다. 그분 앞에서 우리의 모든 아름다움과 자랑을 벗는 것이다. 제사장 위임

식 때도 회막 문 앞에서 7일을 죽은 자처럼 누웠다가 8일째 되는 안식 후 첫날에 그 제사장 임무를 시작할 수 있었다. 우리의 봉사와 사역이 진정한 하나님이 흠향받으시는 향기(sweet smelling aroma)가 되려면, 반드시 우리는 그분의 안식(자아 죽음, 그분만을 높임)에 들어가서 나의 일(육체를 높임)을 쉬어야만 한다. 그렇지 않으면 우리는 열심히 일하고 삯과 보상을 요구하며 우리의 마음은 원망과 불평으로 어느새 잠식당하고 말 것이다.

안식의 삶-몰약 향의 삶

저 안식에 들어가기를 힘쓰라는 것은 찬양의 제사, 감사의 제사를 드리는 삶을 살라는 것이다.

시편 69편은 이 쉬지 않는 찬양의 감사제를 드리는 자의 삶이 얼마나 강력한 삶인지를 보여 주고 있고, 또한 하나님은 이런 룻의 마음을 가진 자를 그리스도의 몸 가운데 회복하시기를 간절히 갈망하신다!

…**내가 노래로 하나님의 이름을 찬송하며 <u>감사함으로</u> 하나님을 위대하시다 하리니 이것이 소 곧 뿔과 굽이 있는 황소를 드림보다 <u>여호와를 더욱 기쁘시게 함이 될 것이라</u>. 곤고한 자가 이를 보고 기뻐하나니 하나님을 찾는 너희들아 너희 마음을 소생하게 할지어다** (시 69:29-32).

이들은 자신의 영광이 아닌 하나님의 영광을 찾는 자들이다. 하나님은 그분을 구하는 세대, 마음에 통회 자복하여 그분만을 찾는 세대를 일으키실 것이다.

나 여호와가 말하노라 내 손이 이 모든 것을 지었으므로 그들이 생겼느니라. 무릇 마음이 가난하고 심령에 통회하며 내 말을 듣고 떠는 자 그 사람은 내가 돌보려니와 소를 잡아 드리는 것은 살인함과 다름이 없이하고 어린 양으로 제사드리는 것은 개의 목을 꺾음과 다름이 없이 하며 드리는 예물은 돼지의 피와 다름이 없이 하고 분향하는 것은 우상을 찬송함과 다름이 없이⋯ (사 66:2, 3).

하나님은 우리가 얼마나 종교적인 행위에 열심을 내는지에 관심이 없으시다.

헛된 재물을 다시 가져오지 말라 분향은 내가 가증히 여기는 바요 월삭과 안식일과 대회로 모이는 것도 그러하니 성회와 아울러 악을 행하는 것을 내가 견디지 못하겠노라⋯너희가 많이 기도할지라도 내가 듣지 아니하리니 (마음이 나에게 멀기 때문에)⋯ (사 1:13, 15).

악인의 제사는 여호와께서 미워하셔도⋯ (잠 15:8).

하나님은 전심으로 드리는 과부의 두렙 돈을 악인이 드리는 황소보다 더 기뻐하신다. 이것이 영과 진리로 드리는 예배이며 감사의 제사다. 이 같은 제사가 히브리서 13장에서 말하는 제사다. 육의 열매가 아닌, 성령의 열매로써 선한 행동의 산 제사를 올려 드리는 것이다. 결국 하나님은 우리에게 그분의 은혜의 성령을 통해 맺어지는 열매를 찾으시는 것이다. 이것은 율법주의가 아니라 사랑에서 나오는 열심이기 때문이다. 우리에게 이것이 풍성한 것은 하나님에 대한 사랑의 열정이 풍성한 것이다. 오순절이 풍성함에 관한 것인 것처럼 우리 안에 주님을 향한 이 사랑하는 마음이 풍성해져야 한다.

그러므로 우리는 예수로 말미암아 항상 찬송의 제사를 하나님께 드리자 이는 그 이름을 증언하는 입술의 열매니라. 오직 선을 행함과 서로 나누어 주기를 잊지 말라 하나님은 이 같은 제사를 기뻐하시느니라 (히 13:15-16).

이런 자의 기도는 하늘문을 연다. 그가 의를 행하는 의인이기 때문이다. **…의인의 간구는 역사하는 힘이 많으니라 (약 5:16).** 룻의 부르짖음은 하늘문을 열었다. 우리는 서광이 비치고 하늘문이 열릴 때 룻처럼 깨닫지 못할 수도 있다. 하지만, 분명히 룻의 부르짖음은 하늘의 문을 열었고, 보아스의 은혜가 부어졌다. 룻은 영으로 부르짖었고 하나님은 분명히 응답하셨다. 우리 안에 찬양이 흘러나올 때 천사가 움직이고, 마귀의 진들이 두려워 떤다. 우리가 마귀를 두려워해야 하는 것이 아니라, 마귀가 우리를 두려워해야 하는 것이다. 두려움은 사단이 주는 것이다. 마귀는 기도의 향을 두려워하는데 그 이유는 기도의 향이 하나님을 움직이도록 하기 때문이다. 기도의 향은 눈에 보이지 않지만 강력하다. 하나님의 보이는 오른손과 보이지 않는 왼손을 움직이게 하는 것이 몰약의 향과 같은 기도의 향이다. 하나님은 의인의 기도의 향을 흠향받으신다.

…많은 향을 받았으니 이는 모든 성도의 기도와 합하여 보좌 앞 금 제단에 드리고자 함이라 향연이 성도의 기도와 함께 천사의 손으로부터 하나님 앞으로 올라가는지라 (계 8:3-4).

2부

제5장

갈망함과 정체성

영적 갈망함은 나의 영원한 정체성을 말해 준다

삶을 살다 보면 메마를 때가 있다. 감정이 메마르고, 지식이 메마르고, 관계가 메마르고, 재정이 마르고, 모든 것이 메마르는 것같이 느껴지고 영혼까지 메마르게 느껴지는… 사막을 걷는 것과 같은 때가 삶에 분명히 있다. 광야는 목마른 곳이다. 그 메마름이 찾아올 때 사람들은 심한 갈증을 느낀다. 갈증이 오기 전까지는 물이 얼마나 필요한지 깨닫지 못한다. 모든 사람들은 갈증을 느낀다. 하지만 광야에서 느껴지는 목마름은 일상의 때와는 차원이 다른 갈증이다. 아이나 어른이나 여자나 남자나 성공한 자나 가난한 자나 모두 갈증을 느끼고 그 갈증을 채울 수 있는 것이라면 대가(시간, 에너지, 관심, 재정)를 지불하려 한다. 왜인가? 물이 없이는 곧 죽는다는 것을 깨닫기 때문이다.

강도는 달라도 모든 사람들은 무언가를 갈망한다. 아이들은 재미를 갈망하고, 학자들은 지식을 갈망하고, 싱글들은 미래 배우자를 갈망하고, 아이가 없는 여인들은 아이를 갈망하고, 돈이 없는 자들은 돈을 갈망한다. 육의 배가 고픈 자는 육의 음식을 찾고, 영의 배가 고픈 자는 영의 양식을 찾는다. 모든 사람들은 내면 안에 있는 여러 종류의 갈증들을 만족케 하기 위하여 삶을 태우며 살아가고 있다. 이 갈증만 채워진다면 무엇이든 지불하려 한다. 관계의 메마름, 깊은 외로움, 죽음 같은 고독… 이 외로움은 홀로 죽어 가는 독거 노인에게만 찾아오는 것이 아니다. 10대, 20대, 30대, 40… 50… 60… 70, 80대의 모든 세대 사람들에게 찾아오는 각자만의 외로움이 있다.

젊은 룻에게도, 나이 든 나오미에게도 이 외로움은 동일한 것이었다. 남편을 잃고, 돌봐 줄 자가 없고, 나를 덮어 줄 사람이 없다는 것이 수치스러웠고 육체의 갈망을 넘어서는 인식하지 못하는 차원의 깊은 갈망이 있었다. 사실 많은 부분에서의 외로움은 관계를 갈망하는 갈증에서 온다. 하나님께서 인간을 관계적인 존재로 만들었기 때문에 영적인 갈증은 사실 관계적인 갈증과 깊은 관계가 있다. 하지만 이 영적 갈망으로부터 오는 관계의 갈망은 많은 가족이 있고, 많은 친구가 있다 해도 이 영적 갈망은 해결되지 못한다. 성령으로 거듭나지 못한 사람들은 그 갈망을 전혀 인식하지 못한 채 그 갈망을 채워 보려 하지만 채워지기보다는 다른 것들로 채우려 하면 할수록 끝없는 불만족 가운데 다른 것을 찾아 헤맨다. 무언가 허한 것이다. 영이 채워지지 않으니까 무언가를 계속 채워 보려 하지만 채움 받지 못하는 것이다. 술, 게임, 먹는 것, 쇼핑, 관광 등으로 채워 보려 하지만 결국 만족이 아니라 오히려 중독증상이 나타난다. 만족이 안 되는 중독증상이 지속되면 이전에 재미있고 즐거움을 주었던 그것이 허무함으로 느껴지기 시작하는데 그 이유는 우리 영이 만족함을 받지 못했기 때문에 아직 허탈하다는 것을 우리 영이 말해 주는 것이다. 이것이 인생의 허무함이다. 사람들은 자신의 갈망을 채우려 하여 무엇을 잡으려 하나 잡히지 않고 채우려 하나 채워지지 않기 때문이다. 하나님은 인간의 영을 만드실 때그 갈망이 채워지도록 계획하셨다. 아담의 뼈로 하와를 만드신 것처럼 마지막 아담의 뼈로 교회를 만드셨다. 예수님의 옆구리가 로마 병사의 창으로 찔리심으로 우리는 그분 안에 거할 수 있게 되었다. 영혼들은 이곳에 들어갈 때만 만족함과 안정감이라는 것을 느낄 수 있게 되는 것이다.

신약 성경에서 가장 중요한 단어가 있다면 그것은 바로 **'그리스도 안에'**와 **'성령 안에'**일 것이다. 영어 표현으로 'in Christ'와 'in Spirit'이다. 이것은 어디의 영향 '안에' 있는다는 것이다. 우리가 '그리스도 안에' 있을 때 죄용서라는 영향을 받을 수 있고, 그분의 '성령 안에' 있을 때 성령의 은혜의 풍성함(엡 1:7)을 통해서 죄를 극복할 수 있는 영향을 받는 것이다. 이것은 복음의 메시지 안에서만 찾을 수 있는 신비한 비밀이다. 사람들이 만약 이 관계적인 영적 갈망을 실제로 받아들인다면 놀라운 일이 벌어질 것이다. 놀라운 깨달음이 열릴 것이다. "아! 나의 외로움의 문제는 근본적으로 친구나 가족이 없어서가 아니라 내 영이 그리스도 안으로 들어가고 성령 안으로 들어가길 깊이 갈망해서 그

랬구나!"를 깨닫게 될 것이다. 이 갈망은 본질적으로 영적인 것이며 관계적인 것이다.

이것은 하나님께서 신랑 되신 예수님을 갈망하도록 우리 영에 심어 놓으신 것이며, 또한 신부라는 우리의 영원한 정체성을 나타내는 것이다. 그렇기 때문에 이 갈망은 우리가 신랑 안에 거할 때 비로소 채워지는 것이다. 우리가 신랑을 발견하고 그분 안에 거하길 원한다는 것은 우리 스스로가 신부라는 놀라운 정체성을 가지고 있다는 것을 증명해 주는 것이다. 그러므로 이 발견은 그 어떤 탐험가의 발견보다 위대한 발견이며, 그 어떤 과학자의 발견보다 탁월한 발견인 것이다. 우리는 이 발견을 통해 가장 귀한 영원한 보물 되신 분을 발견하기 때문이다. **"또한 모든 나라를 진동시킬 것이며 만국의 보배**(예수님)**가 이르리니 내가 이 성전에 영광이 충만하게 하리라 만군의 여호와의 말이니라"** **(학 2:7). "또 천국은 마치 좋은 진주를 구하는 장사와 같으니 극히 값진 진주 하나를 발견하매 가서 자기의 소유를 다 팔아 그 진주를 사느니라" (마 13:45-46).** 우리의 영적 갈망은 참으로 실제적인 것이다. 우리가 우리의 내면의 갈망함을 인식하고 그 갈증을 채우기 위해서 돈이 아닌 "사랑"이라는 값을 지불하려 할 때 우리는 채움을 받게 될 것이다 (마 5:3, 6). 인간이 천국을 찾지만 천국을 경험하지 못하는 이유는 관계적이며 영적인 갈망을 발견하지 못했기 때문이다. 그렇기 때문에 이 발견은 가장 위대한 발견이 되는 것이다. **"심령이 가난한 자는 복이 있**

나니 천국이 저희 것임이요…의에 주리고 목마른 자는 복이 있나니 저희가 배부를 것임이요" (마 5:3, 6).

이사야 선지자는 모든 목마른 자들에게 그분께 와서 그분으로 채움을 받으라고 초청하고 있다. 이 초청장에 응할 수 있는 자격이 곧 영적 갈증이다.

오호라 너희 모든 목마른 자들아 물로 나아오라 돈 없는 자도 오라 너희는 와서 사 먹되 돈 없이, 값 없이 와서 포도주와 젖을 사라 너희가 어찌하여 양식이 아닌 것을 위하여 은을 달아 주며 배부르게 하지 못할 것을 위하여 수고하느냐? 내게 듣고 들을지어다 그리하면 너희가 좋은 것을 먹을 것이며 너희 자신들이 기름진 것으로 즐거움을 얻으리라 (사 55:1-2).

우리 영혼의 영적 갈망함은 우리가 취사선택 할 수 있는 것이 아니다. 우리의 창조주 하나님께서 디자인해 놓으신 것을 우리가 믿으면 그 길을 발견하는 것이고, 믿지 못하면 그 길을 찾다가 죄 가운데서 죽는 것이다. "…너희가 나를 찾다가 너희 죄 가운데서 죽겠고…" (요 8:21). 때론 간신히 영혼 구원을 받기는 하지만 이미 낭비한 인생으로 발견되기도 한다. 이스라엘과 교회라는 단어가 모두 여성형인 것은 그 존재의 목적 자체가 이미 신부의 부르심을 포함하고 있다라는 것을 말해 주는 것이다. 우리 영혼의 주인 되신 신랑 예수님을 찾는 신부의 외로움은 그분을 발견할 때까지 멈추지 않을 것이다. 이 신랑을 발견하고, 사랑에 빠지는 것이 신부의 창조 목적이자 모든 인간의 부르심인 것이다. 이 진리를 받아들일 때, 우리는 헤매는 인생에서 닻을 내린 인생(히 6:19)으로 급전환하게 될 것이다. **"선생님 율법 중에서 어느 계명이 크니이까? 예수께서 이르시되, '네 마음을 다하고 목숨을 다하고 뜻을 다하여 주 너의 하나님을**(신랑으로서) **사랑하라'…" (마 22:36-37).**

육체의 목마름은 물이 해결해 준다. 이 신랑을 향한 목마름은 그분을 발견하고 사랑에 빠질 때 해소가 된다. 신랑을 발견하고 더 추구할 수 있도록 주신 기관이 심령(heart-spirit)이다. 마음과 영이 연결된 단어가 심령이다. 주님은 인간 안에 있는 외로움과 갈망이라는 그 타는 듯한 심령의 갈망을 통해서 신랑을 찾도록 디자인해 놓으셨다. 인간의 슬픔과 저주는 이 심령의 갈망을 무시하든지 아니면 다른 것으로 대체할 때 시작된다. 신부 된 우리는 하나님의 임재를 그리워하도록 만들어졌다. 그리워함은 무엇인가? 이전에 있던 장소를 그리워하는 것이다. 한 번도 경험하지 못하고, 맛보지 못하고, 가 보지 못한 곳을 우리가 어떻게 그리워하는가? 이브가 아담의 품을 그리워하는 것은 이브가 아담의 품에서 나왔기 때문인 것처럼 모든 영혼들은 신랑 예수님을 그리워한다. 우리가 그곳으로부터 나왔기 때문이다. **"기록된 바 첫 사**

람 아담은 생령이 되었다 함과 같이 마지막 아담은 살려 주는 영이 되었나니" (고전 15:45). 우리가 심령의 가난함을 가지고 예수님에게 갈 때 그분은 우리에게 살려 주는 영이 되신다. "내가 주는 물을 마시는 자는 영원히 목마르지 아니하리니 내가 주는 물은 그 속에서 영생하도록 솟아나는 샘물이 되리라" (요 4:14).

룻기의 방향성은 바로 여기에 있다. 신랑을 찾아가는 여정이 룻기의 방향성이다. 룻기는 모두 결혼식에 관한 것이다. 이 결혼식은 외로움과 갈망이라는 목마름이 채워지는 기쁨의 순간에 관한 것이다. 이 기쁨은 세상이 줄 수 없는, 세상이 생각치도 못한 기쁨이다. 룻기는 슬픔으로 시작하지만 기쁨으로 마친다. 룻기는 단조로 시작하지만 장조로 마친다. 룻기는 고통을 말하고 있지만 환희의 결혼식으로 마친다. 우리 인생의 그림이 이와 같아야 한다. 성경 전체의 그림도 이와 같기 때문이다. 창세기는 땅의 혼돈에서 시작하고, 인간은 바벨탑(뜻; 혼돈)을 쌓다가 무너뜨림을 받지만, 그분의 피로 건짐을 받은 자들은 요한계시록 19장의 어린양의 혼인잔치를 시작으로 천년왕국에 들어간다. "이 첫째 부활에 참여하는 자들은 복이 있고 거룩하도다 둘째 사망이 그들을 다스리는 권세가 없고 도리어 그들이 하나님과 그리스도의 제사장이 되어 천 년 동안 그리스도와 더불어 왕 노릇 하리라" (계 20:6) 사실 끝이 아니라 새로운 시작인 것이다. 룻기는 성경의 전체 그림을 예언적으로 담고 있다.

시편 45편은 메시야닉 시편 중 하나로 메시아의 결혼식의 그림과 왕의 대관식을 한꺼번에 보여 주고 있다. 그래서 나팔절 절기의 쇼파 (shofar) 나팔은 결혼식과 대관식을 알리는 신호가 된다. 대속죄일(슥 12:11)을 통해 이스라엘은 회복되고 장막절로 들어가는 것이다. 우리 인생은 혼돈으로 시작하지만 그리스도의 통치 질서 안으로 들어갈 때 기쁨과 만족과 생명으로 결혼식 축제를 벌이게 되는 것이다.

왕은 진리와 온유와 공의를 위하여 위엄 있게 타고 승전하소서…왕의 모든 옷은 몰약과…딸이여, 듣고 생각하고 귀를 기울일찌어다 네 백성과 아비 집을 잊어버릴찌어다 그러하면 왕이 너의 아름다움을 사모하실찌라…수놓은 왕을 입은 저가 왕께 인도함을 받으며…저희가 기쁨과 즐거움으로 인도함을 받고 왕궁에 들어가리로다 (시 45:4, 8, 10-11, 15).

우리가 신랑을 알아 가며 지속적으로 이 기쁨의 향연을 소망한다면 우리는 인생의 결론인 결혼식의 삶을 지금부터 살 수 있는 것이다. "**우리가 즐거워하고 크게 기뻐하며 그에게 영광을 돌리세 어린 양의 혼인 기약이 이르렀고 그의 아내가 자신을 준비하였으므로**" (계 19:7). 어린 양의 혼인잔치는 인류가 맛보게 될 기쁨의 절정, 역사의 절정의 순간이 될 것이다. 우리는 이 최고의 결혼식이 있게 될 것을 미리 증거하는 증인들인 것이다. 세상의 결혼식도 2-3명의 증인이 필요한 것처럼 우리가 예수님을 구세주와 주님으로 맞아들일 때도 반드시 2-3명의 증인을 필요로 한다. 왜냐하면, 둘 다 결혼식에 관한 것이기 때문이다. "**또 말론의 아내 모압 여인 룻을 사서** <u>나의 아내로 맞이하고</u>…**너희가 오늘 증인이 되었느니라. 성문에 있는 모든 백성과 장로들이 이르되 우리가** <u>증인이 되나니</u>…" (룻 4:10).

룻을 가장 크게 위로한 것이 무엇이었나? 신랑과의 결혼식이었다. 가장 큰 축제다! 이 결혼식은 밀 추수의 시기에 이루어진다. 룻기는 보리 흉년으로 시작하지만 풍성한 밀 추수 때 마친다(룻 2:23). 풍성한 밀 추수로부터 오는 만족이 이 시즌에 오는 것이다. 룻의 이야기처럼 복음의 시작은 죽음을 말하고 있는 것 같지만 결국은 생명을 말하고 있고, 절망으로 인도받는 듯하지만 결국은 충만한 소망으로 인도받는다. 내가 가지는 것 없이 주는 것만 말하고 있는 것 같지만 결국은 풍성한 밀 추수의 만족을 말하고 있다. 우리에게 이 결혼식이 찾아오고 있다! 우리는 이 결혼식에 대한 기대로 마음이 부풀어야 한다. 이 기대가 없으면 신랑을 그리워하는 마음을 잃게 되고 사단에게 쉽게 속게 된다. 모든 절기들은 이 결혼식에 집중되어 있다. 모든 절기들은 장막절을 향해 가도록 디자인되어 있다. 결혼덮개(훗바)가 신랑과 신부 위로 덮인 것처럼 '하나님의 임재의 장막'이 전 세계를 덮을 것이다. "<u>여호와께서 거하시는</u> 온 시온 산과 모든 집회 위에 낮이면 구름과 연기, 밤이면 화염의 빛을 만드시고 그 모든 영광 위에 덮개(훗바)를 두시며" (사 4:5).

이사야 4장 5절에 나오는 덮개가 바로 훗바로 불리는 결혼식의 덮개다. 이것은 실제적인 영광스러운 결혼식 장면이다. 결혼식을 준비해야만 하는 신부에게 가장 큰 위기는 무엇일까? 첫째는 신부가 결혼식이 오고 있다는 것을 인식하지 못하는 것이고, 둘째는 결혼식이 곧 오는데 준비하지 않는 것이고, 셋째는 신부가 신랑보다 세상을 더 사랑하고 있다는 것이다.

영원한 정체성으로 살아가기

우리는 신랑 예수님을 갈망해야 하는 신부들이다. 신부가 신랑을 얼굴과 얼굴로 대면하게 되는 그날을 갈망하지 않는다면 자고 있다는 것이다. 가장 위험한 상태다. 신부는 사랑으로 살아가는 존재다. 신부가 신랑 예수님을 사랑하는 갈망 대신 전문지식을 갈망하면 신부가 아니라 전문가다. 우리 사회에는 전문가들이 너무 많다. 컴퓨터 전문가, 비지니스 전문가, 투자 전문가, 네트워크 전문가, 목회 전문가. 우리는 신부이면서 전문 분야에 종사할 수는 있어도, 다른 전문적인 일을 더 갈망하면서 신부로 살 수는 없다. 한 사람이 신부인지 전문가인지를 아는 방법이 있다. 전문지식을 제거해 보든지, 신랑을 제거해 보면 단번에 드러난다. 나는 신랑을 갈망하는 마음 없이는 살아도, 전문지식이 없이는 살 수 없다라고 하면 이 사람의 정체성은 전문가다. 하지만, 전문지식 없이는 살아도 신랑 없이는 살 수 없다라고 고백한다면 이 사람의 정체성은 신부인 것이다. 비지니스 전문가, 경영 전문가, 의학 전문가, 교회 전문가이기 전에 우리는 신부인가? 주님은 전문 지식인을 찾으러 오신 것이 아니다. 주님은 죄인을 부르러 오셨고 또한 주님은 그분의 방식으로 그분을 사랑하는 신부들을 찾으러 오신 것이다. 죄와 세상을 사랑하면서 그분을 사랑할 수 없다. 그분은 전심으로 주님을 찾는 자를 찾으신다. 우리가 영으로 그분을 갈망하듯, 그분도 이 신부들의 사랑을 목말라 하신다. 주님은 영과 진리로 신랑을 찾는 신부들의 사랑을 목말라 하신다. "…**영과 진리로 예배할 때가 오나니 곧 이 때라. 아버지께서는 자기에게 이렇게 예배하는 자들을 <u>찾으시느니라</u>** (갈망하시느니라)" (요 4:23).

예수님은 영과 진리로 예배하는 신부의 사랑의 예배를 찾으셨지만, 정작 우리가 드렸던 것은 신 포도주였다. 아무도 이 신랑의 마음을 알지 못했다. 이 신랑은 철저히 감추어져 있었다. "…**내가 목마르다 하시니. 거기 신 포도주를 받으신 후에 이르시되, 다 이루었다 하시고 영혼이 떠나 가시니라**" (요 19:28). 주님의 목마름은 육체의 목마름 그 이상이셨을 것이다. 그분의 죽음은 신부의 목마름을 채워 주기 위한 것이었기 때문이다. 그분으로 갈증이 채워진 신부들은 우리도 그분의 유업으로 그분의 갈증을 채워 줄 수 있다는 것을 인식해야 한다. 그분은 우리로 인하여 목이 마르시다. 우리의 외로움은 이 신랑만이 채울 수 있으며, 신랑의 갈증은 신부만이 채울 수 있다. **"네가 이 사람들보다 나를 더 사랑하느냐? 주님, 그러하나이다. 네가 나를 사랑하느냐? 주님 그러하나이다. 네가 나를 사랑하느냐? 베드로가 근심하여 이르되, 주님을 사랑하는 줄 주님께서 아시나이다"** (요 21:15-17).

우리는 주님이 우리의 사랑을 목말라 하여 "나를 사랑하느냐?" 물어보실 때 베드로처럼 근심한다. 주님은 우리의 사랑 고백을 기다리시는 신랑이시다. 그분만이 우리의 갈망을 이해하신다. 그분이 우리를 채우실 때 우리는 그제서야 만족함을 느낄 수 있다. 우리의 깊은 영적인 외로움은 오직 그분만이 채우실 수 있다. 그분으로 채워지는 순간 우리는 영적 만족감을 누리면서 다른 것을 탐욕하는 것도 멈추게 된다. 이 시대 사람들이 소셜 네트워킹으로 게임으로 쇼핑과 수많은 일로 분주하며 목마름을 채워 보려 하지만 만족감을 느끼는 것이 아니라 오히려 중독이라는 더 깊은 수렁에 빠지게 되는 것은 이 시대의 아이러니다. 만족을 느끼려고 수많은 방법으로 노력해 보지만 채워지기는커녕 더 상태가 악화된다. 우리는 신랑 예수님만이 채울 수 있는 그 공간을 다른 것으로 채우려 하면 안 된다. 이것은 영의 갈증이기 때문에 어떤 물질적인 것도 이것을 채울 수 없기 때문이다. 오직 말씀으로 신랑 예수님과 교제할 때 성령을 통하여 이 갈증은 채워지기 시작한다. 이 갈증이 채워지고 만족함이 느껴지는 순간 우리는 젖 뗀 아이처럼 '영적 칭얼거림'을 벗어나게 될 것이다. 우리 영혼이 젖 뗀 아이와 같아질 것이다.

**실로 내가 내 영혼으로 고요하고 평온하게 하기를 젖 뗀 아이가 그
의 어머니 품에 있음 같게 하였나니 <u>내 영혼이 젖 뗀 아이와 같도다</u>**
(시편 131:2).

말씀의 젖을 충분히 빤 아이는 엄마의 품 안에서 만족함으로 쉼을
누릴 수 있다. **"갓난 아기들 같이 순전하고 신령한 젖을 사모하라…"**
(벧전 2:2). 임재 안에서 이런 신령한 젖을 충분히 빤 자만이 만족함을
얻을 수 있다. 성경은 또한 이렇게 주님으로 충만해진 상태를 물 댄 동
산으로 표현하고 있다. **"여호와가 너를 항상 인도하여 <u>메마른 곳에서</u>**
<u>도 네 영혼을 만족하게 하며 네 뼈를 견고하게 하리니 너는 물 댄 동산</u>
<u>같겠고 물이 끊어지지 아니하는 샘 같을 것이라</u>" (사 58:11). 주님으로
채워질 때 만족함이 온다. 심령의 갈망함을 채울 분에게 우리는 그 자
리를 내어 드려야 한다.

사람들은 주님의 자리에 다른 수많은 것들로 채우려 한다. 그래서
주님은 메신저들을 일으키신다. "신랑 안으로 들어가라"라고 외칠 메
신저들을 말이다. 주님은 메신저들에게 신부의 정체성을 살고 싶은 자
들을 향해 쇼파(shofar)나팔을 불라고 하신다. 성경에 쇼파를 부를 때
는 경계를 알리는 때다. 하나님의 파수꾼들이 전쟁을 준비하는 것이

다. 이 쇼파를 불지 않으면 이 파수꾼들은 사람들의 피 값을 자기가 물어야 했다. **"인자야, 내가 너를 이스라엘 족속의 파수꾼으로 세웠으니 너는 내 입의 말을 듣고 나를 대신하여 그들을 깨우치라…그의 피 값을 네 손에서 찾을 것이고"** (겔 3:17, 18). 이 쇼파 소리를 듣는 신부들이 듣고도 반응하지 않으면, 이 피 값은 자기 자신에게로 돌아간다. **"그가 악한 마음과 악한 행위에서 돌이키지 아니하면 그는 그의 죄악 중에서 죽으려니와 너는 네 생명을 보존하리라"** (겔 3:19).

갈망은 채움으로

신부의 가장 큰 죄는 신랑의 사랑으로 채워야 할 자리에 다른 것(바알; 다른 남편)으로 채우는 것이다. 신부가 갈망하지 않으면 어떻게 될까? 모든 인간은 무언가를 갈망하게 되어 있다. 마땅히 갈망해야 할 것을 갈망하지 않으면 다른 것으로 그 갈망을 채우려 한다. 신부가 신랑을 갈망하지 않으면, 음부 같은 바벨론이 와서 이 신부의 마음을 사로잡게 된다. 이 신부의 마음이 신랑에서부터 벗어나는 순간, 이 신부는 다시 음녀의 모습으로 서서히 변화하게 된다. 이것은 매우 미묘하기 때문에 다른 사람도 모르고 자신도 잘 인식하지 못할 때가 있다. 그래서 신부는 자신을 속이며 살아가게 된다. **"지혜로운 자는 두려워하여 악을 떠나나 어리석은 자는 방자하여 스스로 믿느니라**(속이느니라)"

(잠 14:16). 한 번 뚫린 마음은 성벽이 뚫린 것처럼 도둑질을 당한다. **"자기의 마음을 제어하지 아니하는 자는 성읍이 무너지고 성벽이 없는 것과 같으니라"** (잠 25:28).

예수님은 이런 사단의 일을 기록하고 있다. 사단은 빼앗고 죽이지만, 주님은 사랑이라는 생명으로 우리를 살리신다. **"도둑이 오는 것은 도둑질하고 죽이고 멸망시키려는 것뿐이요. 내가 온 것은 양으로 생명을 얻게 하고 더 풍성히 얻게 하려는 것이라"** (요 10:10). 결혼식이 있다는 사실 자체는 소망이지만, 내가 합당한 신부로 준비가 되지 못했다는 것은 비상사태다. 늦었다고 생각할 때가 가장 이른 때이고, 위기가 왔다고 생각할 때가 절호의 기회다. **"내가 햇볕에 쬐어서 거무스름할지라도 흘겨보지 말 것은 내 어머니의 아들들이 나에게 노하여 포도원 지기로 삼았음이라. 나의 포도원을 내가 지키지 못하였구나"** (아 1:6).

"나의 포도원을 지키지 못하였구나!"를 깨닫는 자는 하늘로부터 넘치는 복이 있다. "비상사태다"라고 생각하게 하심으로 우리를 깨우시는 것이다. 이런 깨달음이 바로 은혜다. 주님은 우리에게 소망이 되신다. 우리 각자의 마음의 포도원을 지키는 책임은 누구에게 있는가? 대통령도 아니고, 능력 있는 정치인도 아니고, 심지어 목회자도 아니다. 자신의 영혼을 책임지는 최종 책임자는 바로 자신이다. 우리 인생의 책임을 다른 사람들에게 떠넘기려고 하는 것이 우리의 죄 된 속성이다. 주님은 우리 각자에게 책임을 무르실 것이다. 사단은 다른 사람을 핑계하도록 만드는 데 천재적인 사기꾼이다. 이 사단의 거짓에 넘어가서 쓴 뿌리로 자신의 포도원을 망친 영혼들이 얼마나 많은가? 우리가 주님의 말씀 앞에 바로 설 때, 이 쓴 뿌리는 살아 계신 하나님의 양날 선 말씀의 검으로 베임 받게 될 것이다. 예수님은 누구에게도 몸을 의탁하지 않으셨다. **"예수는 그의 몸을 그들에게 의탁하지 아니하셨으니 이는 친히 모든 사람을 아심이요 또 사람에 대하여 누구의 증언도 받으실 필요가 없었으니 이는 그가 친히 사람의 속에 있는 것을 아셨음이니라"** (요 2:24, 25).

잘 믿던 사람들이 넘어지는 때는, 교회 리더들이 죄를 져서 그들로 인해 실망케 될 때다. 이때 하나님을 향한 신뢰도 같이 무너지게 되는 것을 보게 된다. 이것은 무엇을 알려 주는가? 이 사람의 마음이 사람을 의탁했다는 것이다. 대통령이 무너져도, 내가 지지하는 정치인이 무너져도, 내가 따르는 목회자가 무너져도, 그 어떤 리더가 무너져도, 우리를 따랐던 사람이 배반해도 우리는 성령을 통해 예수님의 인도와 가르침을 받아야 한다. **"너희는 주께 받은 바 기름 부음이 너희 안에 거하나니 아무도 너희를 가르칠 필요가 없고 오직 그의 기름 부음이 모든 것을 너희에게 가르치며 또 참되고 거짓이 없으니 너희를 가르치신 그대로 주 안에 거하라"** (요일 2:27).

예수님은 대제사장들이 무너져도, 선지자가 무너져도, 자신을 믿었던 제자들이 모두 무너져도 그것이 예수님을 무너뜨리게 하지 못하도록 자신을 지키셨다. 그것은 그분께서 "친히 사람의 속에 있는 것을 아셨기" 때문이다. 그분이 의지한 것은 사람이 아니었다. 그분이 사람을 사랑했던 동기는 사람 자체가 아니었다. 오직 예수님은 아버지의 사랑을 갈망하셨고 늘 마음이 아버지의 사랑으로 채워져 있었으며 그 사랑이 또한 사람들에게 흘러가도록 하셨다. 인간으로서 그분은 철저히 받는 분이셨기에 철저히 주시는 일을 감당하실 수 있었다. 우리는 예수님의 본을 따라가야 한다. 성령께서는 우리를 그분의 신부로 준비시키도록 보낸 바 된 궁극적인 도움자(The Helper)시다. 우리를 아름답게 단장시킬 수 있는 분은 오직 성령 하나님밖에 없으시다. 그분은 신랑 되신 예수님을 사모하는 신부들을 아름답게 꾸며 주실 것을 약속하신다. 아가서 1장 11절에서 신부를 아름답게 꾸며 주실 것이라는 삼위일체 하나님의 약속은 우리로 하여금 하나님만 신뢰하게끔 이끄시는 말씀이다. **"우리가**(삼위일체 하나님) **너를 위하여 금사슬을 은을 박아**(아름답게) **만들리라" (아 1:11).**

분내는 마음 대신 온유한 마음의 에메랄드 보석으로 박아 주시며, 쓴 뿌리와 미움 대신 불같은 사랑의 홍보석을 박아 주시며, 우아한 왕의 성품의 사파이어를 박아 주신다. 주님은 대제사장의 흉패에 있는 모든 12가지 보석들을 종류별로 우리의 마음에 박아 주실 것이다. 우리가 겸손과 순종으로 반응할 때 말이다. 이것은 사람이 할 수 있는 일이 아니지만 겸손과 순종이라는 우리의 역할을 요구하신다. 사람들이 넘어지든 안 넘어지든 상관없이 우리가 주님께 바르게 반응할 때 주님은 신부를 위하여 각종 보석을 마음에 박아 아름답게 만들어 주실 것이라 약속하신다. 그분의 풍성함의 기름 부음이 우리를 아름답게 단장시키신다.

오순절은 밀 추수 때의 풍성함 같이 우리에게 풍성한 성령의 기름 부음을 가져다주고, 성령을 통해 신랑의 기쁨을 우리에게 포도주처럼 부어 주는 때다. 그분의 기름이 부은 바 될 때 우리는 '거한다'라고 말한다. 그분이 거하실 때 우리는 아름답게 된다. 그분이 거하면 거하실수록 우리는 점점 더 그분의 영광스런 아름다움으로 '영광에서 영광으로' 변화되어 갈 것이다. "**우리가 다 수건을 벗은 얼굴로 거울을 보는 것 같이 주의 영광을 보매 그와 같은 형상으로 변화하여 영광에서 영광에 이르니 곧 주의 영으로 말미암음이니라**" (고후 3:18).

채움은 단장으로

가나의 혼인잔치에서 주님은 우리에게 중요한 진리를 알려 주신다. 그것은 채우는 것의 능력을 알려 준다. 모든 사람은 채울 때 능력을 받는다. 죄와 욕심으로 채우는 사람은 사단으로부터 흘러나오는 악의 포도주, 세상의 포도주로 변화된다. 그것은 사랑의 관계를 시기와 미움으로 변화시키고, 화목을 다툼으로 변화시키고, 샬롬의 평강을 혼란으로 변화시킨다. 자신의 야망에 취한 사람은 자신이 영광 받을 수 있는 일이라면 그 어떤 것이라도 찾아다닌다. 인기를 얻기 위해서라면 몸이 망가지도록 헌신한다. 돈에 취한 사람은 돈을 벌기 위해 벌레도 마다하지 않고 먹는다. 못 먹고, 자지 못하고, 채찍질 받고, 수모를 당해도 능히 이기고도 매일 이른 새벽에 자신의 몸을 쳐서 일자리로 나간다. 이런 열심을 보이는 사람들이라도 영적인 것 앞에서는 완전 무능력함 보인다. 기도의 자리에 나오는 것은 그렇게 힘이 든다. 이런 사람들에게 매일 교회 나오면 500불(50만 원)을 준다고 하면 2-3시간 차를 타고라도 하루도 빠지지 않고 출근 도장을 찍을 것이다. 이것은 20대 때 나의 간증이다. 어느 날 새벽예배가 너무 가기 힘든 날이 있었는데 주님께서 "너가 만약 새벽예배 갈 때마다 500불을 받는다면 어떻게 할지 생각해 보아라"고 물으셨다. 그런데 실제로 내가 당장 내일 새벽예배 가서 500불을 받는다고 생각하니 갑자기 "그럼 가야지"라는 새로운 동기가 올라왔다. "500불을 준다고? 그럼 당연히 가야지!" 하나님을 사랑하는 동기보다 돈을 사랑하는 동기가 더 강했던 것이다. 이것은 주님께서 나를 깨우시는 말씀이셨다. 지금도 아침에 못 일어나는 청년들에게 매일 올 때마다 실제로 500불을 준다고 하면 못 일어날 청년들은 없을 것이다. 더 준다면 청년뿐 아니라 전 세계 대부분의 사람들을 모을 수 있을 것이다. 그 동력은 어디서 오는가? 돈을 사랑함이다. 돈에 취한 사람은 엄청난 열정을 발휘한다. 세상에서도 성공하려면 무엇인가에 취하지 않으면 성공할 수 없다. 왜냐하면, 무언가에 취한 사람만이 강한 열정을 나타내기 때문이다. 이 시대 대부분의 사람들은 돈에 취해 살고 있다. 반대로, 성령에 취한 사람은 돈 벌 기회를 손해 보더라도, 헌금을 내면서 봉사를 하면서 기도의 자리로 나간다. 이 사람을 이끄는 힘은 무엇인가? 이들을 이끄는 것은 돈이 아니라, 예수님을 사랑하는 것이다. 우리는 하나님과 재물을 겸하여 사랑할 수 없다. "**한 사람이 두 주인을 섬기지 못할 것이니** 혹 이를 미워하고 저를 사랑하거나 혹 이를 중히 여기고 저를 경히 여김이라 너희가 하나님과 재물을 겸하여 섬기지 못하느니라" (마 6:24).

요한복음 2장에서는 혼인잔치의 포도주가 나온다. 혼인잔치에 처음 가져온 포도주는 세상이 주는 포도주였다. 하지만, 포도주가 다 떨어지자 예수님의 어머니의 요청으로 예수님은 세상이 줄 수 없는 포도주를 만드시는데, 사람들은 다음과 같이 말한다. "**말하되, 사람마다 먼저 좋은 포도주를 내고 취한 후에 낮은 것을 내거늘 그대는 지금까지 좋은 포도주를 두었도다**…" (요 2:10).

예수님이 지상에서 하신 처음 기적이 바로 물을 포도주로 만드신 기적이었다. 이것은 2가지를 표현하는데 약혼과 결혼이다. 약혼(유대

전통은 이때부터 진짜 결혼임)을 위한 포도주는 우리가 성령으로 거듭 날 때 부어지지만(새 술, 행 2:4, 13), 결혼식의 본식인 어린양의 혼인 잔치(계 19:1-10; 사 25:6)는 더 기름진 것, 더 익은 것, 더 깊은 오래 저장하였던 포도주가 부어지게 된다. **"만군의 여호와께서 이 산에서 만민을 위하여 기름진 것과 오래 저장하였던 포도주로 연회를 베푸시리니 곧 골수가 가득한 기름진 것과 오래 저장하였던 맑은 포도주로 하실 것이며" (사 25:6).** 이 포도주는 신랑의 기쁨에 취하는 것이다! 우리의 육신의 옛 부대는 이 새 술을 불편해한다. 우리가 육신으로 살면 반드시 죽을 것이다. 하지만, 영으로서 몸의 행실을 죽이면 살 것이다. 새 술은 새 부대에서만 작동한다. 옛 부대(옛 사람의 생활방식)를 지니려고 한다면 이 사람의 삶은 찢어질 것이다. 옛 사람의 생활방식으로 성령의 소욕을 따라 살 수 없다. 육신의 소욕은 세상에 취하게 하고, 성령의 소욕은 신랑 예수님께 취하고 신랑의 기쁨에 취하게 한다. 그분께 취한 자는 세상이 이해할 수도 없고, 감당할 수도 없다. 취한 자는 원래 감당이 안되는 것이다. 성령의 포도주에 취한 자들은 신랑의 임재의 기쁨을 친히 맛보고 점점 취하게 될 것이다. 바울은 신랑의 사랑에 제대로 취해 있었기 때문에 자신의 생명조차 조금도 귀한 것으로 여기지 않을 수 있었다. **"내가 달려갈 길과 주 예수께 받은 사명 곧 하나님의 은혜의 복음을 증언하는 일을 마치려 함에는 <u>나의 생명조차 조금도 귀한 것으로 여기지 아니하노라</u>" (행 20:24).** 세상의 포도주에 취한 자들은 예수님의 발로 포도주 틀 안에서 밟힘을 당할 것이다. 하나님의 사랑은 오래 참으시지만, 영원히 참지 않으신다. 사랑은 진리를 품고 있기 때문이다. 반드시 여호와의 진노의 날에 밟힘을 당할 것이다. **"어찌하여 네 의복이 붉으며 네 옷이 포도즙틀을 밟는자 같으냐?… 내가**(예수님) **홀로 포도즙틀을 밟았는데 내가 노함으로 말미암아…"** (사 63:2, 3). **"천사가 낫을 땅에 휘둘러 땅의 포도를 거두어 하나님의 진노의 포도주 틀에 던지매…"** (계 14:19).

우리가 기쁨의 포도주에 취하지 않으면 악에 취한 자들을 분명히 이겨 낼 수 없을 것이다. 짐승 같은 힘을 발휘하는 자들을 어떻게 연약한 신부가 이길 수 있는가? 바울은 이 두 가지 포도주에 양극단을 모두 체험해 본 자였다. 바울이 세상의 악한 영에 취하였을 때에는 위협과 살기가 등등하여 누구도 그를 막을 수가 없었다. 대제사장들까지도 이 사람의 취함에 영향을 받았고, 그의 취함은 신랑의 사랑에 취한 신부들을 잡으려고 혈안이 되었다. 취한 자의 특징은 고통도 뚫고 지나간다는 것이다. **"사울이 주의 제자들에 대하여 여전히 위협과 살기가 등등하여 대제사장에게 가서… 그 도를 따르는 사람을 만나면 남녀를 막론하고 결박하여 예루살렘으로 잡아오려 함이라"** (행 9:2). 예수님은 이런 악의 술에 취한 바울을 다메섹 선상에서 만나 주셨다! 그럴 때 독이 해독되었다. 모세의 놋뱀을 바라보자 그 안에 독이 풀린 것이다(민 21:8). 그는 그때서야 영광스런 신랑을 보았다. **마음의 눈에서 비늘이 벗겨지고** (고후 4:4-6). 그 안에 신랑을 사모하는 사랑과 기쁨의 포도주가 부어졌다. 그럴 때 그는 음부의 권세에서 벗어나고 깊은 신음 가운데 자신을 돌아보며, 그의 영원한 갈망을 발견했다. 바울은 너무도 갈망했다. 이전에는 그리스도인들(신부들)을 몽땅 잡아 죽이는 것을 갈망했던 핍박자였는데, 이제는 이 영광스러운 왕 신랑을 너무도 갈망하고 있다는 것을 스스로 발견한 것이다. 이것이 인간에게 있어서 가장 위대한 발견인 것이다. 신부의 정체성이 발견되는 순간이다. 그의 정체성은 신부였고, 그의 사명은 이제 신부를 신랑에게로 이끄는 중매자의 역할을 하는 것이었다. **"원하건대 너희는 나의 좀 어리석은 것을 용납하라 청하건대 나를 용납하라. 내가 하나님의 열심으로 너희를 위하여 열심을 내노니 내가 너희를 정결한 처녀로 한 남편인 그리스도께 드리려고 중매함이로다"** (고후 11:1, 2).

바울이 열심을 낸 열심은 자연적인 것이 아니었다. 초자연적인 갈망은 초자연적인 능력을 낳는다. 그가 세상의 악한 영에 취했을 때 그는 악한 일을 하는데 몸을 내주었다. 그런데 이제는 선한 일을 하는데 몸을 내주고 있는 것이다. **"…주리고 목마르며 헐벗고 매맞으며 정처가 없고 또 수고하여 친히 손으로 일을 하며 모욕을 당한즉 축복하고 박해를 받은즉 참고, 비방을 받은즉 권면하니 우리가 지금까지 세상의 더러운 것과 만물의 찌꺼기 같이 되었도다"** (고전 4:11-13). 누가 중매하는 일에 이토록 열심을 내겠는가? 이 열심은 취한 자만이 할 수 있는 일이다. 술에 취하면 가장 어리석은 일을 하지만, 성령의 포도주에 취하면 가장 지혜로운 일을 하게 된다. 그 유일한 힘은 성령의 포도주, 신랑에 취하는 것밖에는 없다. 성령에 취하면, 사랑에 취하는 것이다. 세상 술에 취하는 것은 방탕한 것이지만, 성령에 취하는 것은 위대한 일이다. **"술 취하지 말라 이는 방탕한 것이니 <u>오직 성령의 충만함을 받으라</u>…" (엡 5:18).** 우리는 항아리에 물을 채우라고 말씀하시는 예수님의 말씀에 순종하여 항아리 아귀까지 채워야 한다. **"예수께서 그들에게 이르시되, '항아리에 물을 채우라' 하신즉 아귀까지 채우니" (요 2:7).** 물을 아구까지 가득 채웠을 때만 주님은 물을 포도주로 변화시키신다. 물을 아귀까지 채운다는 것은 내가 할 수 있는 순종을 다하는 것이다. 온 마음과 온 정성과 뜻과 힘을 다해 신랑을 사랑하는 것은 내가 하는 일이다. 나의 역할이다. 이것을 하나님이 대신해 주지는 못한다. 대신해 주시지도 않으신다. 우리의 역할을 우리가 할 때, 주님은 자연적인 물을 초자연적인 포도주로 바꾸어 주신다. 우리는 세상의 술에 취하지 말아야 하고, 오직 성령의 충만함을 받아야 한다. 성령의 충만함은 신랑의 기쁨으로 채움을 받는 것이다. 성령에 취한 자는 노래하며 찬송하며 기뻐한다. **"시와 찬송과 신령한 노래들로 서로 화답하며 너희 마음으로 주께 노래하며 찬송하며…" (엡 5:19-21).** 그리고 세상은 더 이상 종교인을 보고 싶어하는 것이 아니라 성령의 포도주에 취한 곧 하늘의 행복으로 취한 자들을 보길 갈망한다. 그리고 그들처럼 기뻐하길 원한다. 우리가 성령에 취할 때 슬픔을 잊기 위해 세상의 술에 취한 자들을 예수님께로 이끌 수 있을 것이다. 세상에서 외롭고, 상

처받고, 쓴 뿌리가 생겨 화난 사람들을 상대할 때 우리는 제정신으로
는 감당할 수 없다. 왜냐하면 그들 중 많은 사람들은 세상으로부터 오
는 술에 이미 힘을 받았기 때문에 우리의 육체로 상대하면 우리도 동
일하게 세상 술에 취하게 될 것이기 때문이다. 세상의 힘을 받아 혈과
육으로 대항하며 그들과 싸울지도 모른다. 우리는 이토록 약하다. 하
지만, 주님이 주시는 전략이 있다. 성령에 취해서 그분의 능력으로 충
만함을 받으면 그들을 예수님께 이끄는 것이 가능하다고 말씀하시는
것이다. 우리가 성령에 취할 때 우리는 가장 강력한 신부로 탈바꿈할
수 있다. 짜증 대신에 시와 찬송을 부를 수 있다. 서로 잘잘못을 분석
하지 않고, 범사에 예수 그리스도의 이름으로 하나님 아버지께 감사할
수 있는 성령의 능력을 입게 될 수 있다.

신부의 정체성

성령의 술이 신부의 단장을 가능토록 해 주는 것이다. **"술 취하지
말라 이는 방탕한 것이니 오직 성령으로 충만함을 받으라… 이 비밀이
크도다 나는 그리스도와 교회에 대하여 말하노라"** (엡 5:18, 32). 성령
의 포도주에 취하는 것은 신랑 예수님께 취하는 상태다. 사랑의 술독
에 빠진 자가 되는 것이다. 사랑은 빠지는 것이다(falling in love). 그
분 안에 들어가서 헤어나질 못하는 상태가 되는 것이다. 그럴 때 우리

는 그분으로부터 오는 능력으로 살 수 있다. "끝으로 너희가 주 안에서와 그 힘의 능력으로 강건하여지고" (엡 6:10). "우리 주의 은혜가 그리스도 예수 안에 있는 믿음과 사랑과 함께 넘치도록 풍성하였도다" (딤전 1:14). 성령을 갈망함은 우리가 신부라는 정체성을 가지고 있다는 강력한 증거가 된다. 우리가 신랑 예수님의 성령을 갈망할수록 신부의 정체성은 강화될 것이다. 결혼식을 준비하는 신부는 기쁨으로 생기가 넘친다. 누구나 이 신부를 보는 자는 그녀 안에 설렘과 기쁨이 있다는 것을 확인할 수 있다.

주님은 이 시대 신부가 어디 있는가라고 물으실지 모른다. 마지막 때 교회가 회복해야 하는 것은 바로 **신부의 정체성**이다. 바로 혼인을 기대하는 설렘과 기쁨이다. 더 나아가 이것은 신부의 존재이유다. "**만일 누구든지 주를 사랑하지 아니하면 저주를 받을지어다** 우리 주여 오시옵소서(마라나타)" (고전 16:22). 우리가 주를 사랑하지 않으면 저주를 받아 마땅한 상태라고 사도바울은 말하고 있다. 신랑을 향한 갈망이 빠진 신부는 신부라는 이름은 가졌지만 자신의 정체성을 잃고 살아가는 것이다. "**네가 살았다는 이름은 가졌으나 죽은 자로다**" (계 3:1).

오랜 세월의 고난의 여정 가운데 나오미는 신부의 정체성을 잃어버렸다. 그녀가 신부의 정체성을 잃어버렸을 때 그녀의 삶이 송두리째 흔들렸다. "**나를 나오미**(기쁨)**라 칭하지 말고 마라라 칭하라** 이는 전능자가 나를 심히 괴롭게 하셨음이라" (룻 1:20).

마지막 때 이런 신부의 정체성을 잃은 나오미(이스라엘)에게 룻(이 방교회)은 그녀의 정체성을 찾게 해 줄 것이다. 마지막 때 신부의 정체 성을 회복한 교회는 이스라엘이 본남편에게 돌아가도록 해 주는 역할 을 감당하게 될 것이다.

…그제야 저가 이르기를, "내가 **본남편에게 돌아가리니** 그 때의 내 형편이 지금보다 나았음이라" 하리라 (호 2:7).

에브라임 산 위에서 파수꾼이 외치는 날이 있을 것이라 이르기를 "너희는 일어나라 우리가 시온에 올라가서 우리 하나님 여호와께로 나 아가자" 하리라 나 여호와가 이같이 말하노라 "너희는 **야곱을 위하여 기뻐 노래하며 만국의 머리 된 자**(이스라엘)를 위하여 외쳐 전파하며 찬양하며 이르기를, '여호와여, 주의 백성 **이스라엘의 남은 자를 구원 하소서**' 하라" (렘 31:6-7).

이스라엘은 그제서야 그들의 깊은 영적 갈망함을 깨달게 될 것이 다. 그리고 부르짖을 것이다. 그러면 주님은 심령이 가난해지고 그분 으로 주린 자들에게 당신의 성령을 부으실 것이다. 그들의 갈망함은 마침내 채움을 받게 될 것이다. "**내가 다윗의 집과 예루살렘 주민에게 은총과 간구하는 심령을 부어 주리니**…그를 위하여 통곡하기를 장자 를 위하여 통곡하듯 하리로다…" (스가랴 12:10-11).

나오미처럼 남편을 잃었던 이스라엘은 신랑 예수님으로 인해 에덴 동산같이 변화될 것이다. 영적회복은 땅의 회복을 가져오게 될 것이다.

사람이 이르기를, 이 땅이 황무하더니 이제는 에덴동산같이 되었고… (겔 36:35).

나 여호와가 시온의 모든 황폐한 곳들을 위로하여 그 사막을 에덴 같게, 그 광야를 여호와의 동산 같게 하였나니 그 가운데에 기뻐함과 즐거워함과 감사함과 창화하는 소리가 있으리라 (사 51:3).

제6장

이 아이의 이름이

메시아 왕 되신 예수님

이 아이의 이름이 이스라엘 중에 유명하게 되기를 원하노라 (룻 4:14).

룻기가 쓰여진 사사기 때는 사람들이 자기의 소견대로, 정욕을 따라 살았으며, 또 그 이유를 이스라엘에 왕이 없었기 때문이라고 기록하고 있다. "…**사람이 각기 자기의 소견에 옳은 대로 행하였더라**" (삿 21:25b). "**그 때에 이스라엘에 왕이 없으므로…**" (삿 21:25a). 사사기는 이스라엘의 왕이 필요함을 암시적으로 알려 주고 있는 것이다. 하지만 또 사무엘상 8장에서 모든 장로들이 왕을 세우게 해 달라고 간구하는 모습이 나오는데, 이들에게 하나님은 그들이 사무엘을 버림이 아니라 하나님을 버렸다고 말씀하고 계신 것을 볼 수 있다. "**우리에게 왕을 주어 우리를 다스리게 하라** 했을 때에 사무엘이 그것을 기뻐하지 아니하여 여호와께 기도하매 여호와께서 사무엘에게 이르시되, '백성이 네게 한 말을 다 들으라 이는 그들이 너를 버림이 아니요 **나를 버려** 자기들의 왕이 되지 못하게 함이니라" (삼상 8:6-7). 이 둘을 같이 볼 때 왕을 세우길 원하시는 건지 세우길 원치 않으시는 건지 혼동된다. 그러나 사무엘하 7장에 보면 그 모순처럼 보이는 것에 답을 얻을 수 있다. **"…내가 네 몸에서 날 자식을 네 뒤에 세워 그 나라를 견고케 하리라… 네 집과 네 나라가 내 앞에서 영원히 보전되고 네 위가 영원히 견고하리라 하셨다 하라" (삼하 7:12, 16).** 이 말씀은 다윗의 자손 솔로몬 왕 그 이상을 두고 하신 말씀이다. '영원히'라는 말을 볼 때 하나님은 유한한 인간이 왕이 되길 원하신 것이 아니라 다윗의 혈통에서 태어나는 100% 신이자 100% 인간인 곧 메시아 되신 예수님께서 영원한 왕으로 다스리길 원하신 것이다. 요한계시록 19장을 보면 만왕의 왕 되신 예수님께서 온 땅을 다스리시기 위해 다시 오시는 것을 볼 수 있다. 하나님은 왕 자체를 세우는 것이 문제가 아니라 단순한 인간이 왕이 되는 것을 경고하고 계신 것이다. 모든 왕은 하나님을 필요로 한다. 그런데 교만한 왕들은 하나님을 찾지 않는다는 것이 문제다. 모든 인간은 목자와 같은 왕을 필요로 한다. 인간은 이끄는 왕이 없을 때 길 잃은 양이 된다. 이것을 보여 주는 타이밍이 사사기 때다. 이스라엘은 리더가 필요하며 목자를 필요로 한다. 왕을 필요로 한다. 하지만, 하나님은 단순한 인간이 왕으로 다스리는 것을 계획하신 것이 아니라, 하나님의 아들이자 사람의 아들인 신성과 인성을 완벽하게 모두 가지신 메시아가 왕이 되길 계획하신 것이다. 이 메시아는 선지자도 되시며 대제사장도 되시며 왕도 되신다. 이 직분들을 한 몸에 지니고 계신 분은 예수님밖에는 없다.

이스라엘에 왕이 없을 때는 사사기 때가 펼쳐졌다. 이스라엘에 왕들이 있었을 때는 북이스라엘처럼 되었다. 남유다는 하나님을 경외하는 선지자, 제사장, 왕이 함께 연합하였을 때 다윗 때처럼, 히스기야 때처럼 나라가 부강하였다. 신약 때의 이스라엘은 메시아가 그들 가운데 낳으셨고, 죽으셨고, 부활하셨지만 이 왕을 거절하였을 때 어떤 일이 발생하는지를 보여 준다. AD 70년 예루살렘이 멸망되었다. 마지막 때는 주님께서 이 모든 시기를 끝내시고 그분께서 이스라엘의 왕으로서, 만왕의 왕으로서 전 세계를 다스리시는 시기로 들어가는 전환기적 시기가 되는 것이다. 끝을 의미하는 종말이 아니라, 새로운 시대를 시작하는 새 시대가 열리는 것이다. 이런 의미에서 왕이 없던 사사기 때와 왕들이 등장하는 사무엘서의 사이에 룻기가 위치해 있다는 것은 이 책이 얼마나 왕의 역할이 중요한지를 보여 주는 것이다.

하나님이 원하시는 왕과 신부의 역할

왕이 필요하다라는 답을 우리는 사사기를 통해 얻을 수 있고, 단순한 인간의 왕은 필요 없다라는 답을 우리는 사무엘서를 통해 얻을 수 있는 것이다. 그러므로 어떤 왕이 필요하겠는가라는 질문에 답을 주기 위해 사사기와 사무엘서 중간에 룻기가 위치해 있는 것이다. 길 잃은 룻과 같은 우리에게 필요한 왕은 보아스와 같이 룻을 사랑하는 신랑 되신 왕이라는 것이다. 그래서 룻기는 사랑의 러브 스토리가 될 수밖에 없다. 룻과 같은 우리에겐 오직 한 분, 목자 되시며 왕 되시며 신랑 되신 예수님이 필요한 것이다. 보아스와 같이 그 이름의 뜻처럼 우리에게 힘이 되어 주실 예수님이 필요한 것이다. 이스라엘엔 왕이 필요하다. 모든 인간에겐 왕이 필요하다. 그래야 자신의 소욕대로 살지 않을 수 있다. 예수님의 신적인 지혜와 성품이 성령을 통해 이스라엘의 내면에 흘러야 한다.

룻기를 잘 이해하기 위해서는 우리는 사무엘서 문맥에 흐르는 하나님이 세우시고자 하는 왕에 대한 이해가 필요하다. 사울은 타락한 본성을 가진 단순한 인간의 왕의 표본이지만, 다윗은 신의 성품을 소유하신 왕 되신 예수님을 예표하고 있다. 이스라엘에겐 왕 되신 예수님이 필요하다. 하지만, 인간의 타락한 본성을 가진 왕은 사무엘이 경고했듯이 자신의 야망을 위해서 다스림 받는 모든 사람을 그의 노예로 만들려 할 것이다.

．

사무엘이 왕을 요구하는 백성에게 여호와의 모든 말씀을 말하여 이르되, "너희를 다스릴 왕의 제도는 이러하니라 그가 너희 아들들을 데려다가 그의 병거와 말을 어거하게 하리니…그가 또 너희의 밭과 포도원과 감람원에서 제일 좋은 것을 가져다가 자기의 신하들에게 줄 것이며…그가 또 너희의 노비와 가장 아름다운 소년과 나귀들을 끌어다가 자기 일을 시킬 것이며…너희가 그의 종이 될 것이라. 그 날에 너희는 너희가 택한 왕으로 말미암아 부르짖되, 그 날에 여호와께서 너희에게 응답하지 아니하시리라" 하니 (삼상 8:10-18).

사울은 처음에는 잘하는 듯하였지만 결국엔 사무엘이 경고한 왕처럼 되었다. 하지만, 다윗은 달랐다. 그도 사울처럼 실수하였지만 다윗은 영원한 왕 예수님을 계시해 주는 왕으로서 그 뿌리가 사울과는 근본적으로 달랐다. 시편의 고백들을 보면 다윗이 얼마나 근본적으로 주님을 의지하고 사랑하였는지에 대한 단면을 볼 수 있다. 특별히 시편 18편에서 다윗은 하나님이 '나의 힘'이 되신다라고 고백하고 있다. 바로 이어서 그는 '하나님께 사랑'을 고백하고 있다. **"나의 힘이신 여호와여 내가 주를 사랑하나이다" (시편 18:1)**. 1절의 고백은 다윗의 모든 삶을 대표해 주고 있는 고백이다. 이 두 가지가 다윗을 위대한 왕으로 만들고 있는 것이다. 주님을 힘으로 삼았다는 것은 그가 겸손한 왕이라는 것을 나타내고, 하나님께 사랑을 고백하는 것은 그가 얼마나 담대한 왕이었는지를 나타내는 것이다. 사랑하는 자는 담대하기 때문이다. **"사랑 안에 두려움이 없고 온전한 사랑이 두려움을 내쫓나니 두려움에는 형벌이 있음이라 두려워하는 자는 사랑 안에서 온전히 이루지 못하였느니라" (요일 4:18)**. 실제로 시편 18편의 내용은 그가 주님을 의지하고 사랑하여 어떻게 승리를 이루는지에 대한 삶의 간증적인 내용을 담고 있다. **"내가 주를 의뢰하고 적군을 향해 달리며 내 하나님**

을 의지하고 담을 뛰어넘나이다…" (시편 18:29). 주님을 반석처럼 의지하는 자, 주님을 불같이 사랑하는 자를 하나님께서는 왕으로 세우길 원하신다. 그는 하나님의 마음에 합한 왕이었다. 하나님만을 의지하는 자였다. 그 어떤 우상도 아니고, 그 어떤 주변국의 힘도 아니고, 그 나라의 병거와 말의 힘도 아닌 하나님만을 의지하였다. 그것이 하나님이 원하시는 바였다. 그분만을 의지함으로 싸우는 나라가 제사장의 나라 이스라엘인 것이다. 여호와 하나님을 그의 힘으로 의지하며, 또한 전심의 마음으로 하나님을 사랑하는 왕이 하나님이 원하시는 왕이다. 다윗이 다윗 될 수 있었던 것은 여호와를 경외함으로 '하나님을 의지함'과 '하나님을 사랑함'이었다. 이런 왕이 세워졌을 때 드디어 이스라엘과 예루살렘에 공의와 정의가 행해지며 평강이 찾아왔다. 다윗은 연약한 인간으로 실패도하였지만, 다윗이 궁극적으로 나타내는 분은 만왕의 왕이신 예수님이다. 만왕의 왕이신 예수님이 재림하신 후 이스라엘뿐만 아니라 열방을 공개적으로 다스리실 날을 주님께서는 계획하고 계시는 것이다. 그때까지는 열방이 길 잃은 양으로 살게 될 것이다. 문제가 발생했을 때 사람들은 군사 쿠데타 등의 인간적인 방법으로 일을 해결하려 한다. 가정, 국가, 교회, 사회에서 부족한 리더, 잘못된 리더, 악한 리더들을 사람들은 자신들의 힘을 사용하여 스스로 바꾸려고 한다. 이것은 하나님의 방법이 아니라 전형적인 인간의 방법이다.

그렇다면 하나님의 방법은 무엇일까? 하나님께서는 예수님을 열방의 왕으로 공개적으로 세우셔서 다스리실 때까지 우리가 중보하길 원하신다. 시간이 걸리긴 하겠지만, 하나님께서 상황을 만드셔서 악한 리더들을 반드시 심판하신다. 이것은 역사가 증명해 준다. 이스라엘이 타락했을 때는 바벨론을 통해 멸하셨고, 이방나라의 대표격인 바벨론 제국은 페르시아 제국에게, 페르시아는 헬라제국에 의해 멸망당하였다. 왕을 일으키고 폐하는 것은 오직 하나님께서 하시는 주권적인 일이다. **"그는 때와 계절을 바꾸시며 왕들을 폐하시고 왕들을 세우시며 지혜자에게 지혜를 주시고 총명한 자에게 지식을 주시는도다"** (단 2:21). 그렇다고 우리로 하여금 가만히 있으라고 하시는 것이 아니라 그 반대다. 적극적으로 하되 하나님의 방법으로 하라는 말이다. 하나님의 방법이란 우리로 하여금 중보하여 하나님이 개입하셔서 악을 심판하시도록 하는 것이다. 이것이 하나님께서 중보자를 통해서 이 땅을 다스리시는 방법이다. 중보자들은 하나님의 보좌 앞에 서는 자들이다. 왕비 에스더처럼 하나님께 나아가는 것은 위기 때 우리가 가장 강력하게 할 수 있는 일이다. 왕을 움직이는 것은 바로 신부의 중보다. 위치적 지위보다 더 강한 것은 관계에서 나오는 사랑이다. 그 어떤 군대장관의 외침보다 신부의 속삭임이 왕을 움직인다. 그래서 가장 큰 영향력은 사랑이라는 관계에서 나온다. 이것이 에스더와 룻을 통해 하나님이 우리에게 보여 주시고자 하는 것이다. 관계로 가장 깊은 곳에 들어가서 왕의 마음을 움직이는 것이다. 인간의 지혜는 인간의 힘으로 사람과 상황을 당장 뒤짚어 엎는 것이다. 이것은 신부가 할 일이 아니다. 이사벨은 아합을 조종하는 신부였다. 신부가 대신 왕의 역할을 하는 것은 하나님이 원하시는 것이 아니다. 신부는 중보의 자리를 지키는 것이다.

그래서 신부가 가장 먼저 할 일은 왕의 뜻을 아는 것이고 왕의 뜻대로 나아가 그분께 그것을 이루어 달라고 구하는 것이다. 이것이 신부가 할 일이다. 왕의 뜻을 계시를 받는 곳은 침실, 곧 깊은 기도의 자리다. 가장 깊은 곳이다. 신부는 가장 깊은 곳에 바로 왕의 마음에 늘 거해야 한다. 신약 성경은 신부들에게 위에 있는 권세에게 복종할 것을 알려 준다. **"각 사람은 위에 있는 권세들에게 복종하라 권세는 하나님으로부터 나지 않음이 없나니 모든 권세는 다 하나님께서 정하신 바라. 그러므로 권세를 거스르는 자는 하나님의 명을 거스름이니 거스르는 자들은 심판을 자취하리라"** (롬 13:1, 2). **"요한이 대답하여 이르되, 만일 하늘에서 주신 바 아니면 사람이 아무 것도 받을 수 없느니라"** (요 3:27). 각 사람이 위에 있는 권세들에게 복종하라고 하신다. 그 이유는 모든 권세가 하나님으로부터 오지 않은 것이 없기 때문이다.

때론 인간의 연약함을 드러내시고, 훈련케 하시기 위해서 부족한 자, 연소한 자들을 리더로 세우신다. 그럴 때 인간 안에 있는 것들이 드러나게 된다. 교만과 시기가 드러나게 하신다. 하나님은 의도적으로 이것들을 드러나게도 하신다. 그러면 우리는 마음의 결단을 해야 한다. 하나님의 말씀에 순종함으로 부족한 리더이고 연소한 리더지만 하나님이 세운 자이기에 따를 것인지 아니면 인간적인 방법으로 공격할 것인지를 말이다. 우리가 바르게 반응한다면 이런 순간들은 우리로 하여금 성숙함에 이르도록 도움을 준다. 하지만 잘못된 반응을 하면 우리의 마음은 더욱 완고하게 될 것이다. 우리는 늘 심판자가 아니라 중보자로 서야 한다. 우리가 기도해야 할 것은 사랑하는 리더가 세워지길 기도하는 것이다. 하나님을 첫 자리로 사랑하는 가장들, 공동체 리더들, 사회와 국가 리더들이 세워지도록 말이다. 그와 동시에 먼저 우리는 리더들을 궁극적으로 의지하지 말고 하나님을 절대적으로 의지하는 근육을 키워야 한다. 요셉은 총리로서 이집트 왕과 함께 다스렸으며, 다니엘은 바벨론과 페르시아의 왕들을 섬기는 와중에도 그들의 문화에 동화되지 않고 왕들에게 강한 영향력을 주면서 하나님의 일을 영적, 정치적으로 감당했다는 것은 놀라운 일이다.

완벽한 왕은 오직 영원하신 왕 예수님밖에는 없다. 주님께서 재림하시고 사단과 악인들을 무저갱에 가두신 후 공개적으로 열방을 다스리실 때가 올 것이다. 오직 예수님이 재림한 이후에야 이 세상은 새로워진다. 세상은 완벽한 왕을 기대하지만 그 기대는 오히려 적 그리스도가 왕으로 전 세계를 다스리는 세상을 앞당기는 결과를 가져오게 될 것이다. 이 시대가 그런 왕을 요구하고 찾을 것이라는 뜻이다. 그리고 성경의 예언처럼 그때는 반드시 올 것이다. 그렇기에 우리는 기도함으로 깨어 있어야 하는 것이다. 완벽한 세상은 왕 중의 왕 되신 예수님이 오서야 가능한 것이다. 가짜 그리스도인 적 그리스도가 인간에게 완벽해 보이는 세상을 세워 주려 하지만 그것은 단지 음녀 바벨론밖에는 될 수 없을 것이다. 그렇다 할지라도 믿는 자들은 언제라도 왕 되신 예수님께 사랑하는 마음으로 나아갈 수 있으며, 또한 다윗과 요셉과 그리고 다니엘과 같은 리더들이 사회와 국가에서 일어나길 위해서 기도할 수 있다. 이 시대에 적 그리스도가 등장하기 전에 사울 왕 같은 리더들이 모든 영역에 넘쳐 날 것이다. 하지만 동시에 하나님께서는 다윗같이 하나님의 마음에 합한 리더들도 함께 일으키시고 계신다. 왕 되신 예수님이 다스리는 리더만이 자신의 의견대로, 자기 멋대로, 자신의 정욕대로 사람들을 이끌지 않을 것이다. 리더 자신에게로 이끄는 리더가 아니라, 사람들을 하나님께로 이끄는 리더들이 일어나야 한다. 예수님이 태어나시기 바로 전 주님은 세례 요한과 같은 리더를 일으키셨듯이 주님은 예수님이 다시 오시는 재림의 때에 세례 요한같이 사람들을 예수님께로 이끄는 리더들을 일으키실 것이다. **"그는 흥하여야 하겠고 나는 쇠하여야 하리라 하니라"** (요 3:30).

충만한 사람이 그분을 유명케 한다

사람들은 강한 리더에게 자연스럽게 끌린다. 사람들은 자신보다 더 강하고 더 지혜롭고 더 지식이 있고 힘있는 사람들을 신뢰하는 경향이 있기 때문에 이것이 자연스러울지는 몰라도 결국 그들은 사울 왕과 같은 결말로 마치게 될 것이다. 우리는 다윗과 같이 하나님을 의지하고 하나님을 사랑하는 왕, 세례 요한처럼 자신에게로 사람들을 이끄는 자가 아니라 하나님께로 사람들을 이끄는 그런 리더가 되도록 해야 한다. 신약적인 표현으로 쓰자면 성령과 지혜와 믿음으로 충만한 사람이 되어야 한다는 것이다. 성경은 스데반을 그렇게 묘사하고 있다. **"…믿음과 성령이 충만한 사람 스데반…스데반이 은혜와 권능이 충만하여…스데반이 지혜와 성령으로 말함으로…그 얼굴이 천사과 같더라" (행 6:5, 8, 10, 15).** 주님이 원하시는 리더는 이렇게 하나님의 성령으로 채워진 리더다. 바로 성령의 소욕과 뜻으로 사로잡힌 리더들이다. 정욕대로 자기 소견을 따라 사는 사람의 방법은 늘 하나님의 질서를 무너뜨린다. 그것이 누가 됐던, 정욕을 따라 사는 사람들은 하나님의 질서부터 깨트린다. 질서가 깨지면 혼돈(바벨의 뜻이 혼돈이다), 그것은 사단의 전략이다. 일단 질서가 무너지고 소동이 나면 평화가 깨지고, 사회적 난동이 일어난다. 그러면 사단이 역사하기 좋은 환경이 펼쳐지는 것이다. 국가나 사회나 교회나 가정 모든 곳에서 이런 사회적 동요들이 일어나고 있는 것은 무엇을 말해 주는가? 사회 전반에서 육체를 위해서 육체의 것을 심고 있다는 뜻이다. 거듭난 자도 성령을 따라 살지 않고 육체의 소욕을 따라 살면 같은 열매가 나온다. 왜 그런가? 육체를 위해 심고 있기 때문이다. **"내가 이르노니 너희는 성령을 따라 행하라 그리하면 육체의 욕심을 이루지 아니하리라. 육체의 소욕**

은 성령을 거스르고 성령은 육체를 거스르나니 이 둘이 서로 대적함으로 너희가 원하는 것을 하지 못하게 함이니라. 너희가 만일 성령의 인도하시는 바가 되면 율법 아래에 있지 아니하리라" (갈 5:16, 18).

예수님은 우리에게 생명을 주시되 풍성하게 주시기 위해서, 성령을 위하여 심는 자를 찾으신다. "스스로 속이지 말라. 하나님은 업신여김을 받지 아니하시나니 사람이 무엇으로 심든지 그대로 거두리라. 자기 육체를 위하여 심는 자는 육체로부터 썩어질 것을 거두고, 성령을 위하여 심는 자는 성령으로부터 영생을 거두리라" (갈 6:8). 정욕적인 사람들이 가득 찬 문화에 우리는 살고 있다. 사람들은 카리스마 있는 알렉산더와 같은 리더를 원한다. 역사적으로 모든 사람들은 이 땅에 유토피아가 오길 간절히 소망했고 지금도 소망하고 있다. 자신들의 육체의 소욕의 절정을 발휘할 수 있는 곳 말이다. 이런 곳을 사람들은 '지상 천국'이라 하겠지만, 하나님이 보시기엔 심판이 떨어져야 할 곳으로 보신다. 육신적인 사람들(거듭난 사람도 육신적일 수 있다)은 어떤 곳을 원하는가? 사람들은 자기 마음대로 정욕을 따라 살 수 있는 곳을 원한다. 죽어서 천국만 가는 것이 보장만 된다면 이 땅에서 육신적으로 사는 편안한 삶을 왜 원하지 않겠는가? 내 육신이 원하는 것을 마음대로 하면서 남도 나에게 피해만 주지 않으면 좋겠다는 것이 모든 육신적인 사람들의 바람이다. 하지만, 로마시대 때 이것을 위험하다고 말하는 그룹이 있었는데 그리스도인들이었다. 그 당시 사람들에게 그리스도인들은 눈엣가시 같은 존재였다. 그들만 보면 자기가 죄인 같은 느낌을 받아서 그들이 원하는 것들을 마음 놓고 할 수 없었다. 그래서 그들을 원형 경기장에서 사자 밥으로 내주고, 그들은 그것까지도 즐거움의 도구로 삼았다. 이 시대는 어느 쪽으로 가고 있는가? 사단은 영혼들을 멸망으로 몰기 위해서 마지막 때 이런 유토피아처럼 보이는 곳을 만들어서 수많은 영혼들을 멸망으로 치닫게 할 것이다. 이 욕망의 유토피아는 반드시 올 것이다. 왜냐하면, 성경에 이미 예언되어 있기 때문이다. 성경은 이때가 고통하는 때라고 기록하고 있다. **"말세에 고통하는 때가 이르러, 사람들은 자기를 사랑하며 돈을 사랑하며…쾌락 사랑하기를 하나님 사랑하는 것보다 더하며 경건의 모양은 있으나 경건의 능력은 부인하니…"** (딤후 3:1, 2, 5). 이 유토피아적 정부 곧 적 그리스도 제국이 도래하고 있다. 전 세계가 원하는 유토피아적 왕이 세워질 것인데 이 왕은 너무나 인간들이 원하는 것을 잘 아는 왕이다. 종교적 자유(정욕대로 살아도 천국만은 갈 수 있다고 속이는)와 문화적 자유와 향락과 사치가 만연하지만 그리스도인 범죄자는 철저히 처리하는 정부가 등장할 것이다. 종교의 자유를 깨고 육신의 정욕대로 사는 삶의 방식을 죄라고 말하는 그리스도인들을 오히려 범죄자로 분류할 것이다. 하지만, 가짜 뒤엔 진짜가 등장한다. 적 그리스도가 있다는 것은 반대로 말하면 진짜도 있다는 말이다. 우리는 가짜 왕, 가짜 정부에 속지 않기 위해 진짜 왕, 진짜 왕국에 대한 기대로 가득 차야 한다. 왜냐하면, 이 실제 왕과 왕국이 곧 도래하기 때문이다. **"내가 또 밤 환**

상 중에 보니 인자 같은 이가 하늘 구름을 타고 와서 옛적부터 항상 계신 이에게 나아가 그 앞으로 인도되매 그에게 권세와 영광과 나라를 주고 모든 백성과 나라들과 다른 언어를 말하는 모든 자들이 그를 섬기게 하였으니 그의 권세는 소멸되지 아니하는 영원한 권세요 그의 나라는 멸망하지 아니할 것이니라" (단 7:13-14). 진짜 왕이신 예수님은 우리를 이용하고, 억압하고, 착취하시는 분이 아니시다. 그분은 사랑의 왕이시다. 영원한 사랑으로 우리를 사랑하시는 분이시다. 하나님의 계획은 인간의 계획과 너무 다르다. 인간은 빨리 급조된 왕이라도 세워서 내가 좋아하는 것, 나의 뜻, 나의 쾌락대로 살고자 한다. 내가 유명해져야 하겠기에 국가도 이용하고, 친척도 이용하고, 친구도 이용한다. 내가 잘되기 위해서 내가 더 큰 유익을 누리기 위해서 말이다. 그래서, 구원에는 분명한 순서가 있다. 먼저는 죄된 본성을 해결하시는 분이 오셔야 했다. 이것이 바로 예수님의 초림의 이유다. 우리가 더 이상 정욕에 따라 달음질하지 않고 하나님이 우리의 수단이 아닌 우리의 목적이 되도록 하기 위해 오신 것이다. 인류가 더 이상 육신에 심는 자가 아닌, 성령에 심는 자가 되도록 하기 위해서다. 재림의 이유는 그분이 땅을 회복시키시고 영원한 왕으로서 열방을 통치하시기 위해서다. 초림은 사람의 회복에, 재림은 땅의 회복과 통치의 회복에 초점이 있다.

하나님의 구원 계획엔 하나님의 법과 질서가 있고, 하나님의 순서가 있다. 그래서 우리는 우리의 욕심(내 뜻)과 조바심(내 타이밍)을 내

려놓고 주님의 나라가 온전히 이 땅 가운데 임할 때까지 인내함(하나님의 뜻과 타이밍)으로 기다려야 할 필요가 있는 것이다. 하나님의 법과 질서와 순서를 지켜 가면서 말이다. 최고의 법은 하나님을 사랑하고 이웃을 사랑하는 것이다. 주님은 이것을 깨뜨리는 자를 불법을 행하는 자라고 부르실 것이다. 하지만, 사랑의 법을 행하는 자에게는 생명을 주실 것이다. 우리가 성령으로 심는 자가 생명을 얻게 된다는 것을 확신치 못한다면, 육체와 성령을 오락가락하며 육체를 위해서도 심고, 성령을 위해서도 심게 될 것이다. 정욕을 따라 행하기도 하고, 성령을 따라 행하기도 하며 왔다 갔다 하게 될 것이다. 미지근한 삶을 살게 되는 것이다. 물이 불에 끓었다가 다시 식었다가를 반복하는 것과 같다. **"라오디게아 교회의 사자에게 편지하라…내가 네 행위를 아노니 네가 차지도 아니하고 뜨겁지도 아니하도다 네가 차든지 뜨겁든지 하기를 원하노라. 네가 이같이 미지근하여 뜨겁지도 아니하고 차지도 아니하니 내 입에서 너를 토하여 버리리라 (계 3:14-16).** 주님은 우리의 미지근함을 토해 내시겠다고 하는데, 우리는 이 미지근함이 너무 편안하다고 한다. 주님은 곤고하고, 가련하고, 눈멀고, 벌거벗었다고 하시는데 우리는 부자여서 부족한 것이 없다라고 스스로를 속이고 있다. **"네가 말하기를 나는 부자라 부요하여 부족한 것이 없다하나 네 곤고한 것과 가련한 것과 가난한 것과 눈 먼 것과 벌거벗은 것을 알지 못하는도다"** (계 3:17). 이것에 대해서 성경이 우리에게 주는 유일한 해독제는 무엇인가? '사는 것' 곧 '대가를 지불하는 것'이라고 한다. 주님께서 권면하시는 것은 불로 연단한 금을 사는 것과 흰옷을 사는 것과 안약을 사는 것이다. 모두 공통적으로 **'사서'**라는 단어가 들어가 있다. **"내가 너를 권하노니 내게서 불로 연단한 금을 사서 부요하게 하고 흰 옷을 사서 입어 벌거벗은 수치를 보이지 않게 하고 안약을 사서 눈에 발라 보게 하라" (계 3:18).** 이것은 우리가 대가를 지불해야 하는 요소들이 여기 있다는 것을 알려 준다. 주님께서 불로 연단하실 때 그것을 기꺼이 끌어안아야 한다. 점도 없고 흠도 없는 자로 준비하게 해 주시고, 보게 해 주신다는 것은 우리를 아직도 사랑하신다는 증거가 된다(히 12:6). 사람마다 자신의 정체성을 어디에 두느냐에 따라 다른 대가를 치르게 되어 있다. 은혜는 거저 받지만, 기름 부음은 반드시 '사는 것'이다. 우리가 무엇에 마땅히 대가를 지불할 의향이 있느냐가 어디에 심을 것이냐를 결정짓는 것이다. 세상 사람들은 세상에서 성공하기 위해 엄청난 대가를 지불하지만, 우리는 우리의 시민권이 하늘에 있기 때문에 그 나라를 위해 모든 대가를 지불하고자 해야 하는 것이다. **"그러나 우리의 시민권은 하늘에 있는지라 거기로부터 구원하는 자 곧 주 예수 그리스도를 기다리노니" (빌 3:20).** 왕이시며 신랑 되신 이분을 사는 것이다. 이 왕이신 신랑을 팔아서는 안 된다. 신부의 자랑이자, 신부의 생명이자 신부의 만족이신 분은 오직 신랑 예수님이시기 때문이다. 신부 안에서 이 왕만이 유명해지셔야 한다(룻 4:14). 이 왕이 우리를 지금 사랑으로 다스릴 때 우리 삶의 이유가 분명해지는 것이다. 우리 삶의 이유는 이 영원한 신랑이신 왕을 기쁘게 해 드리는 순종적인 신부로 사는 것이다. 이전에는 잘 먹고 잘사는 것이 목적이었지만 이제는 이 왕이 내 삶의 목적이 되는 것이다. **"기약이 이르면 하나님이 그의 나타나심을 보이시리니 하나님은 복되시고 유일하신 주권자이시며 만왕의 왕이시며 만주의 주시요 오직 그에게만 죽지 아니함이 있고 가까이 가지 못할 빛에 거하시고 어떤 사람도 보지 못하였고 또 볼 수 없는 이시니 그에게 존귀와 영원한 권능을 돌릴지어다. 아멘."** (딤전 6:15-16). 우리의 삶이 성령을 위하여 지속적으로 심을 때, 우리는 우리 안에 거하시는 영원한 왕 예수 그리스도를 유명케 하고 싶어 안달이 날 것이다. 룻기에 나오는 모든 백성과 장로들은 모두 증인이 되어 이 아이만 유명케 되길 원하였다. 이 아이는 예수님의 예표가 된다.

이 아이의 이름이 이스라엘 중에 유명하게 되기를 원하노라 (룻 4:14).

신랑의 친구의 기쁨

주의 길을 예비하던 세례 요한이 간절히 원했던 것은 무엇이었나? 그가 간절히 원한 것은 오직 신랑이신 왕만이 유명케 되는 것이었다. 그는 신랑의 음성을 듣는 친구였다. 그의 유일한 기쁨은 오직 그분의 음성을 듣고 크게 기뻐하는 것이었다. 이러한 기쁨은 너무도 실제적이어서, 그는 그의 삶을 통하여 오직 그리스도만이 흥하길 간절히 바랬다.

신부를 취하는 자는 신랑이나 서서 신랑의 음성을 듣는 친구가 크게 기뻐하나니 <u>나는 이러한 기쁨으로 충만하였노라</u>. 그는 흥하여야 하겠고 나는 쇠하여야 하리라 (요 3:29-30).

이사야 선지자는 이사야서 24장에서 이 세상의 모든 즐거움이 마지막 때에 사라질 것에 대해 말하고 있다. **"포도주가 없으므로 거리에서 부르짖으며 모든 즐거움이 사라졌으며 땅의 기쁨이 소멸되었도다… <u>세계 민족 중에 이러한 일이 있으리니</u> 곧 감람나무를 흔듦같고 포도를 거둔 후에 그 남은 것을 주움 같을 것이니라"** (사 24:11, 13). 오직 세례 요한이 누렸을 '이러한 종류의 기쁨으로' 충만되어야만이 이길 수 있는 때에 대하여 예언하고 있다. 이때는 육신을 위해 심는 자든, 성령을 위해 심는 자든 고난의 순간이 될 것이지만 성령을 위해 심는 자들은 지혜로운 다섯 처녀처럼 능히 이기는 자가 될 것이다. 이때는 육신의 소욕을 좇아 행하는 적 그리스도 정부는 멸망당하고, 성령의 소욕을 좇아 신랑 왕 예수님을 간절히 기다리던 신부가 영광 중에 나타나시는 왕을 눈과 눈으로 마주치는 때다. **"보라 장차 <u>한 왕이 공의로 통치할 것이요 방백들이 정의로 다스릴 것이며</u>"** (사 32:1). **"<u>네 눈은 왕을 그의 아름다운 가운데에서 보며 광활한 땅을 눈으로 보겠고</u>"** (사 33:17).

마지막 때는 땅이 온전히 공허하게 되는 때이고, 높은 이층 천에 있는 하늘의 군대들이 형벌을 받는 때이며, 땅의 모든 왕들이 멸망을 받게 되는 때이며, 동시에 예수님께서 예루살렘의 왕으로 영광 가운데 나타나시는 재림의 때다.

보라 여호와께서 땅을 공허하게 하시며…땅이 온전히 공허하게 되고, 온전히 황무하게 되리라…그날에 여호와께서 높은 데에서 <u>높은 군대</u>(악한 영들)를 벌하시며 <u>땅에서 땅의 왕들</u>(열방의 왕들)을 벌하시리니…그 때에 달이 수치를 당하고 해가 부끄러워하리니 이는 <u>만군의 여호와께서 시온 산과 예루살렘에서 왕이 되시고</u> 그 장로들 앞에서 영광을 나타내실 것임이라 (사 24:1, 3, 21, 23).

세상이 주는 즐거움이 없어서 부르짖으며 모든 즐거움이 사라져 고통하는 때가 마지막 때다. 이때는 전 세계가 감람나무를 뒤흔듦같이 흔들리고, 포도를 거둔 후에 남는 것을 줍는 것같이 남는 자들이 생존하는 시대가 올 것이다. 하지만 같은 시기에 신부들이 신랑에게 인도되는 것을 보며 기뻐하는 신랑의 친구들이 있을 것이다. 성령을 위하여 심은 자들은 이날에 노래하게 될 것이다. 이사야서 24장 16절에 보면 땅끝에서부터 노래하는데 노래의 이유가 세상의 기쁨, 먹는 기쁨, 여행의 기쁨, 성공의 기쁨이 아니다. 오직 의로우신 이에게 영광을 돌리는 기쁨으로 노래를 부른다. 고통 가운데 있을 때 노래 부를 수 있는가? 답은 그럴 수도 있고 아닐 수도 있다. 고통 가운데 노래할 수 있는 자들은 성령 안에서 이 의로우신 왕 예수님을 소망하는 자들인 것이다. "**땅 끝에서부터 노래하는 소리가 우리에게 들리기를 의로우신 이에게 영광을 돌리세(Glory to the Righteous one) 하도다**" (사 24:16). 의로운 이에게 영광을 돌리세라는 뜻은 무엇인가? 계시록은 그것에 대한 구체적인 그림을 보여 준다. "**내가 또 들으니 하늘 위에와 땅 위에와 땅 아래와 바다 위에와 또 그 가운데 모든 피조물이 이르되, '보좌에 앉으신 이와 어린 양에게 찬송과 존귀와 영광과 권능을 세세토록 돌릴지어다!' 하니 네 생물이 이르되, '아멘' 하고 장로들은 엎드려 경배하더라**" (계 5:13-14). 예수님의 이름이 세세토록 높임을 받으실 것이다.

이 아이의 이름이 이스라엘 중에 유명하게 되기를 원하노라 (룻 4:14).

이러므로 하나님이 그를 지극히 높여 모든 이름 위에 뛰어난 이름을 주사 하늘에 있는 자들과 땅에 있는 자들과 땅 아래에 있는 자들로 모든 무릎을 예수의 이름에 꿇게 하시고 (빌 2:9-10).

그 날에 눈이 높은 자가 낮아지며 교만한 자가 굴복되고 여호와께서 홀로 높임을 받으시리라 (사 2:11).

우리 안에서 그분만이 유명해지길 갈망하고 있는가? 아니면 영혼들을 자기에게로 이끌고 있는가? 우리는 다윗처럼 고백하는 리더가 되어야 한다. **"나의 힘이신 여호와여 내가 주를 사랑하나이다"** (시편 18:1). 우리는 스데반처럼 하나님의 성령과 지혜와 믿음으로 충만받는 리더가 되어야 한다. **"성령과 지혜가 충만하여⋯믿음과 성령이 충만한 사람⋯ 스데반이 은혜와 권능이 충만하여⋯"** (행 6:3, 5, 8). 세례 요한처럼 영혼들을 신랑 예수님께로 이끄는 종들이 일어나야 한다. 우리는 마지막 때의 다음 세대들이 이런 종들이 되도록 기도할 수 있다.

제7장

이스라엘과 이방인의 예언적 그림

룻기의 마지막 때 예언적 그림

룻기는 우리에게 몇 가지 보석 같은 그림을 보여 준다. 첫 번째는 룻 개인으로서 보아스를 만나서 개인적인 구원을 받는 그림이고, 두 번째는 나오미의 무너진 기업이 룻을 통하여 세워지는 그림이고, 세 번째는 신부 된 교회가 메시아와 혼인하는 그림이고, 네 번째는 이방인 교회를 통해 이스라엘이 회복되는 마지막 때 예언적인 그림을 보여 준다. 우리는 이 장에서 네 번째 그림을 보고자 한다. 룻기 안에 감춰진 보석 중의 보석이 바로 이 마지막 때 예언적 그림이다.

성경을 볼 때 가장 중요한 것이 성경의 문맥인데 우리가 문장과 문장 그리고 장과 장의 문맥은 살피지만, 성경 전체에 흐르는 성경 전체의 내러티브적인 문맥을 놓치는 경우가 많다. 그 문맥은 바로 이스라엘과 열방의 예언적인 그림이다. 크게 보자면 성경의 모든 문맥은 이스라엘과 열방이다. 그리고, 순서도 늘 이스라엘이 먼저고 그다음은 열방이다. 이 우선 순서는 매우 중요하다. 순서는 곧 질서이기 때문이다. 우선 순위가 뒤바뀌면 모든 것이 뒤바뀐다. 건축물이 지어질 때 우선 순서가 뒤바뀌면 건물이 지어질 수 없는 것과 같다. 상부구조가 올라가기 전에 기초구조가 우선순위가 되어 먼저 놓여져야 하듯이 말이다. 구원에 대해서 상세하게 다루는 성경인 로마서에서 이 우선 순서를 얼마나 중요하게 여기는지를 볼 수 있다.

내가 복음을 부끄러워하지 아니하노니 이 복음은 모든 믿는 자에게 구원을 주시는 하나님의 능력이 됨이라. 먼저는 유대인에게요 그리고 헬라인에게로다 (롬 1:16).

악을 행하는 각 사람의 영에는 환난과 곤고가 있으리니 먼저는 유대인에게요 그리고 헬라인에게며 (롬 2:9).

선을 행하는 각 사람에게는 영광과 존귀와 평강이 있으리니 먼저는 유대인에게요 그리고 헬라인에게라 (롬 2:10).

룻기가 이스라엘과 이방인을 나타내 주는 유일한 그림도, 그리고 첫 번째 그림도 아니다. 하지만, 상징적인 그림이며, 또한 대표되는 그림이 될 수 있다. 이스라엘이라는 주제는 성경에 하나님이란 주제 다음으로 중요한 주제라고 할 정도로 무게가 있다. 이방인의 입장에서 성경을 읽을 때 우리는 흔히들 이스라엘을 빼놓고 읽게 되는데 이것은 성경 문맥을 해석하는 데 있어서 가장 큰 실수 중 하나다. 하나님을 빼고 성경을 보는 사람이 있는가? 이와 같이 이스라엘을 빼고는 성경을 볼 수 없다. 이스라엘은 성경을 여는 열쇠이자 하나님을 이해하는 가장 중요한 키워드가 된다. 하나님은 이스라엘에 심판도 많이 내리셨지만, 그만큼 축복도 많이 약속하고 계신다. 하나님이 이스라엘을 왜, 언제 심판하시고 왜, 언제 축복하는지를 볼 때 우리는 하나님을 알게 된다. 그분은 싫고 좋음이 누구보다 분명하신 살아 계신 인격이시기 때문이다.

로마서 2장 9-10절에 보면 악을 행하여 환난과 곤고를 먼저 받는 것도 유대인이고, 선을 행하여 축복을 먼저 받는 것도 유대인이고, 그다음이 열방이라고 한다. 이것은 이스라엘을 축복의 통로라는 개념으로 볼 때 너무도 당연한 이치다. 축복의 통로이기 때문에 주님은 이스라엘을 철저히 다루신다. 유대인들은 벌도 배로 받지만, 상급도 배로 받는다. 순서에 있어서도 유대인이 먼저지만, 상급받는 양에 있어서도 유대인이 많이 받는다. 하나님은 이런 면에서 공평하시다. 사람들은 받을 축복만 생각하고 이스라엘을 부러워할 수도 있겠지만, 그들이 배로 받는 고통을 생각한다면 다시 생각할지도 모른다. 장자의 나라, 제사장의 나라로서 하나님은 이스라엘을 특별히 다루신다.

예루살렘의 마음에 닿도록 말하며 그것에게 외치라…여호와의 손에서 벌을 배나 받았느니라 (사 40:2).

너희가 수치 대신에 보상을 배나 얻으며⋯그리하여 그들의 땅에서 갑절이나 얻고 영원한 기쁨이 있으리라 (사 61:7).

이스라엘이 의미 있는 것은 나라(킹덤) 자체도 있지만 메시아가 나올 태로써의 역할을 했던 땅과 혈통에 그 중요성이 있다.

아브라함의 신비-구원받는 자의 유일한 모델

아브라함이란 이름의 뜻은 '이스라엘'의 아버지가 아니다. 아브라함이란 이름의 뜻은 **'열방'**의 아버지이다. 이것은 아주 중요한 포인트다. 아브라함이란 이름이 갖는 영적 의미는 엄청난 것이다. 하나님은 아브라함이라는 한 개인을 선택하셔서 이 아브라함을 통해서 나올 여인의 후손(창 3:15)인 메시아를 강조하고 계시지만, 이스라엘을 위한 메시아만 되시는 것이 아니라 **모든 열방의 메시아**가 되시기 때문이다. 이스라엘은 이스라엘 나라뿐 아니라 모든 열방을 축복하는 태로써의 역할이 중요한 것이다.

이스라엘이란 나라의 뿌리는 아브라함인데, 이 아브라함조차도 갈대아 우르(이방)의 사람이었다. 이방사람이었던 한 갈대인을 선택하셔서 한 민족을 만드신 것이다. 아브라함이 여호와 하나님을 믿었기 때문에 그것을 그의 의로 칭해 주셨다. 그래서, 아브라함은 믿음의 조상이 되었다. 그리스도를 믿는 믿음으로 말미암는 모든 이들의 아비가 된다. 유대인이나 이방인이나 차별이 없다. "그런즉 **믿음으로 말미암은 자들은 아브라함의 자손인 줄 알지어다**" (갈 3:7). 아브라함은 무할례자로서 '믿는 모든 자'의 조상이 된다. "그가 할례의 표를 받은 것은 무할례시에 믿음으로 된 의를 인친 것이니 이는 <u>무할례자로서 믿는 모든 자의 조상이 되어</u> 그들도 의로 여기심을 얻게 하려 하심이라" (롬 4:11). 아브라함은 유대인 믿는 자와 이방인 믿는 자의 아비가 된다. 그가 '구원의 근원'은 아니지만, 그가 구원받았던 방법인 믿음으로 인해 유대인과 이방인 모두가 그리스도를 통해 복을 받는다는 면에서 '구원받는 방법'을 보여 주는 자다.

이것을 성경이 미리 알고 먼저 아브라함에게 복음을 전한 것이다. "또 하나님이 **이방을 믿음으로 말미암아 의로 정하실 것을 성경이 미리 알고 먼저** 아브라함에게 **복음을 전하되 모든 이방인이 너로 말미암아 복을 받으리라** 하였느니라 그러므로 믿음으로 말미암은 자는 믿음이 있는 **아브라함과 함께 복을 받느니라**" (갈 3:8-9). 아브라함도 그의 몸에서 나올 메시아를 믿어서 구원받은 것인데, 그가 특별한 것은 구원받는 방법에 있어서 '유일한 모델'을 보여 주기 때문이다.

우리는 하나님이 어떻게 아브라함을 통해서 이스라엘과 열방을 다루시는지를 볼 수 있는데 이와 같은 맥락에서 메시아의 족보를 보는 것은 도움이 된다. 메시아의 족보는 마태복음과 누가복음 2군데 나온다. 마태복음은 '이스라엘의 왕'을 계시해 주는 유대인을 대상으로 쓴 복음서인 반면, 누가복음은 '만왕의 왕'을 계시해 주는 이방인을 대상으로 쓴 복음서다. 마태복음의 메시아의 족보는 아브라함부터 예수님의 족보를 보여 주는데 그 초점이 이스라엘에 있기 때문이다.

아브라함과 다윗의 자손 예수 그리스도의 계보라 아브라함이 이삭을 낳고 이삭은 야곱을 낳고 야곱은…엘리웃은 엘르아살을 낳고 엘르아살은 맛단을 낳고 맛단은 야곱을 낳고 야곱은 마리아의 남편 요셉을 낳았으니 마리아에게서 그리스도(메시아)라 칭하는 예수가 나시니라 (마 1:1-16).

반면 누가복음에 나오는 족보는 열방을 구원의 대상으로 하기 때문에 아담과 모든 인류의 아버지인 하나님까지 올라간다. 이 뜻은 하나님께서 처음부터 복음을 이스라엘만이 아닌 열방을 대상으로 하셨다는 것을 보여 주는 것이다. 모든 열방의 아버지가 이스라엘의 하나님이라는 것이다. 아브라함이 열방의 아비로서 이스라엘뿐 아니라 믿는 모든 자의 아비가 되는 것처럼 창조주 하나님도 믿는 모든 자의 아버지가 되시는 것이다.

예수께서 가르치심을 시작하실 때에 삼십 세쯤 되시니라. 사람이

아는 대로 요셉의 아들이니 요셉의 위는 헬리요…그 위는 야곱이요 그 위는 이삭이요 그 위는 아브라함이요 그 위는 데라요 그 위는 나홀이요…그 위는 에노스요 그 위는 셋이요 그 위는 아담이요 그 위는 (창조주) **하나님**이시니라 (눅 3:23-38).

열방이 축복받는 유일한 길

성경의 대부분의 등장 인물들은 모두 유대인들이었다. 아브라함과 이삭과 야곱은 물론이고 이스라엘의 왕들과 신약시대 사도행전에 나오는 대부분의 사람들 모두 유대인들이었다. 그리고 주요 장소도 이스라엘 땅이었다. 베드로와 요한과 야고보를 비롯한 모든 제자들도 유대인이었고, 사도 바울도 유대인이었다. 그리고 가장 중요한 성경의 주인공인 예수님 자신도 유대인이셨다. 이것은 성경을 이해할 때 매우 중요한 포인트다. 성경의 대부분의 주인공들이 유대인이라는 것을 잊어버리는 순간 우리는 성경의 문맥에서 크게 벗어가게 될 위험에 있게 될 것이다. 이런 중요한 문맥을 벗어나면 하나님의 계획에서 크게 벗어나고 되고, 가장 중요하게는 하나님의 마음을 놓치게 된다. 하나님의 마음을 아이처럼 받지 못하면 성경해석에 중요한 계시가 닫히게 된다. "…지혜롭고 슬기 있는 자들에게는 숨기시고 **어린 아이들에게는 나타내심을** 감사하나이다…" (마 11:25).

성경 해석에서 문맥만큼 중요한 것이 **이스라엘**을 향한 아버지의 마음이다. 이스라엘을 뺀 대체신학의 렌즈로 성경을 보게 될 때 같은 성경이라도 완전히 다른 결론을 만들어 낼 것이다.

전 세계에는 200개가 넘는 나라가 있는데 성경은 오직 이스라엘의 왕들과 역사만을 적고 있다. 성경은 영어로 'The Holy Bible'로 문자적으로 해석하면 '거룩한 책'이라는 뜻인데 여기서 거룩이라는 단어의 뜻은 '구별되다'라는 뜻에서 쓰였다. 마찬가지로 성령은 영어로 'The Holy Spirit'인데 문자적으로 해석하면 '거룩한 영'이다. 오직 하나님의 영만이 거룩한 성령이 되시는 것처럼 같은 의미에서 이스라엘 백성을 거룩한 백성 'The Holy People'이라고 칭할 때의 뜻은 왕을 위해서 특별히 구별해 놓은 백성이라는 의미로 쓰인 것이다. 또 예루살렘을 거룩한 도시 'The Holy City'라고 기록하고 있는데 그것은 왕을 위해 특별히 구별된 도시이기 때문이다(마 5:35; 시 132:13-14; 렘 3:17). **"…예루살렘으로도 하지 말라 이는 큰 왕의 성임이요" (마 5:35).** 왕이 쓰시기 위해 모든 다른 도시들과는 따로 구별해 놓으셨다. 하나님은 스스로를 위해 거룩한 백성, 거룩한 땅, 거룩한 도시를 구별해 놓으신 것이다.

이스라엘이 혈통적으로 중요한 것은 아브라함과 이삭과 야곱 이 세 명의 혈통을 통해서 메시아가 나오셨기 때문이고, 이스라엘 나라의 보좌가 중요한 것은 예수님께서 다윗의 자손으로 그 보좌에서 다스리실 것이기 때문이고, 이스라엘 땅이 중요한 것은 이 땅에서 메시아 되신 예수님이 태어나셨고 죽으셨고 부활하셨고 재림하셔서 전 세계를 다스리실 곳이 이 땅이기 때문이다. 하나님은 이 이스라엘이란 나라와 땅을 초림 때 한 번 사용하셨다고 버리시는 분이 아니시다. 하나님은 메시아가 나온 유대 민족과 이스라엘을 선택하셨고 그들과 언약을 맺으셨기 때문이다. 그것이 바로 아브라함의 언약이다. 아브라함의 이야기가 구약에 나왔다고 무관심해서는 안 된다. 왜냐하면, 그 언약의 성취가 아직 남아 있기 때문이다. 아직 하나님의 약속이 성취되지 않았다. 이 아브라함의 언약은 그 어떤 민족도 스스로 선택할 수 없는 하나님의 주권적인 선택이셨다. 장자의 나라로 하나님께서 지정하신 것이다. 그리고, 그분은 이 장자의 나라를 통해서 다른 모든 열방이 축복을 받도록 언약을 맺으셨다. **"너를 축복하는 자에게는 내가 복을 내리고 너를 저주하는 자에게는 내가 저주하리니 땅의 모든 족속이 너로 말미암아 복을 얻을 것이라 하신지라"** (창 12:3). 이것이 하나님이 정하신 '열방이 축복받는 유일한 길'이다. 이스라엘을 축복하시기 위한 것이었지만, 궁극적으로는 열방을 축복하시기 위한 것이다. 오히려 열방에 축복을 주시기 위해서 이스라엘을 택하신 것이다. 그래서 아브라함이 '이스라엘'의 아비가 아니라 **'열방'의 아비**가 된 것이다. 하지만 열방에 본이 되기 위해서 이스라엘은 먼저 구별되어야 했고, 시험받아야 했고, 연단받아야 했다. 그리고 하나님 자신을 '이스라엘의 하나님'이라 스스로를 칭하셨는데 그것은 이스라엘과 한 운명으로 가시고자 하는 그분의 확고한 의지를 보여 주시는 것이다. "…네 **이름을 부르는 자가 나 여호와 이스라엘의 하나님**인 줄을 네가 알게 하리라" (사 45:3).

그분이 스스로를 '이스라엘의 하나님'이라 칭하신 이유가 무엇일까?

첫 번째 이유는 열방이 이스라엘을 배워야만 그분을 알 수 있도록 하기 위해서다. 여기엔 주님의 깊은 지혜가 있다. 열방이 하나님을 알기 위해서는 이스라엘을 배워야만 되도록 주님이 디자인하신 것이다. 성경의 중요한 부분인 이스라엘의 역사를 공부하다 보면 자동적으로 하나님을 알게 된다. 이스라엘을 배우면 배울수록 하나님을 자연스럽게 알 수밖에 없게 된다. 어느 나라의 역사를 배울 때 창조주 하나님을 알게 되는 유일한 나라는 이스라엘밖에 없다. 이 나라를 알기 위해 역사를 배우면 배울수록 하나님을 발견할 수 있다. 이스라엘의 국가법 (하나님의 법), 문화, 음식, 언어까지도 모두 하나님 없이는 설명이 불가능하다. 심지어 의복과 머리 스타일까지도 말이다. 하나님의 법을 헌법으로 놓은 나라가 어디 있는가? 토요일을 행정적인 국가 공휴일로 쉬는 나라는 이스라엘밖에 없다. 안식일인 토요일이 이 나라의 국가 공휴일이다. 이스라엘을 방문하였을 때 가장 인상적인 것 중에 하나가 토요일을 국가 공휴일로 쉰다는 것이었다. 이 나라의 모든 것이 하나님으로부터 왔다라고 말할 수밖에 없게 된다. 이들의 역사를 부인할 수 없다는 것은 이들의 하나님도 부인할 수 없다는 것이 된다. '이스라엘이 존재한다 = 하나님은 존재한다'가 성립된다. 이스라엘이란 나라가 존재하는 것 자체만으로도 계속해서 '하나님은 살아 계시다, 하나님은 살아 계시다'라고 열방 가운데 선포하는 것이 된다. 그들을 없애려고 하는 것은 그들의 하나님을 지우려는 것과 같다. 이것을 잘 아는 사단은 이 나라와 민족을 온 땅 위에서 없애려고 지금까지도 부단히 노력해 왔다. 하지만 이런 노력은 마치 하나님을 없애려는 노력과 동일한 노력이기에 이것은 불가능할 것이다. 이스라엘을 없애고, 하나님을 지우려 하다가 결국 사단과 적 그리스도와 거짓 선지자들 모두 불못에 떨어진다고 예언되어 있다. **"또 그들을 미혹하는 마귀가 불과 유황 못에 던져지니 거기는 그 짐승과 거짓 선지자도 있어 세세토록 밤낮 괴로움을 받으리라"** (계 20:10). 이것이 그들이 받을 형벌이다. 이것은 우리에겐 놀라운 승리의 결말이다. 이것은 이미 예정된 결말이기에 우리는 그분의 나라인 이스라엘을 위해 담대히 설 수 있다.

두 번째 이유는 이스라엘에게 영원한 소속감을 주시고자 하시는 그분의 영원한 사랑 때문이다. **"옛적에 여호와께서 나에게 나타나사 내가 영원한 사랑으로 너를 사랑하기에 인자함으로 너를 이끌었다 하였노라"** (렘 31:3). 이스라엘을 향한 하나님의 사랑은 영원할 것이다. 그분의 이름을 그들 안에 새겨 놓으신 이유가 바로 그것이기 때문이다. 하나님은 스스로를 '이스라엘의 하나님'이라고 칭하셨지만, 또한 '이스라엘의 거룩한 이'라고도 하셨다. 하나님의 딜레마는 이스라엘이 그분처럼 거룩하지 않다는 것이었다. 이스라엘은 처음부터 스스로 거룩해질 수 없었다. 그랬더라면, 아브라함의 믿음을 그의 의라고 칭해 주지 않고 그의 행함을 의로 칭해 주셨을 것이다. 하나님의 의로 인침을 받은 백성이 해야 할 일은 스스로 의롭게 되려고 노력하는 것이 아니라, 믿음으로 받는 하나님의 의(예수님)를 찬양하며 하나님을 영화롭게 하는 것이다(사 24:14). 아브라함처럼 말이다. 진정한 믿음으로 말미암아 의롭다 함을 받은 자의 행동은 아브라함과 같이 오직 하나님만을 높인다. 아브라함의 자손이라며 자랑하던 바리새인들은 그런 아브라함이 소유했던 믿음의 열매가 없었다. 그래서 주님은 다음과 같이 말씀하셨다. **"대답하여 이르되, '우리 아버지는 아브라함이라 하니' 예수께서 이르시되, '너희가 아브라함의 자손이면 아브라함이 행한 일들을 할 것이거늘'…"** (요 8:39). 하나님께서 진정한 아브라함의 자손에게 원하셨던 것은 그들 자신들의 이름이 아닌 의가 되신 예수님의 이름을 영화롭게 하는 것이었다. **"그러므로 너희가 동방에서 여호와를 영화롭게 하며 바다 모든 섬에서 이스라엘의 하나님 여호와의 이름을 영화롭게 할 것이라"** (사 24:14). 하나님께서는 초림과 재림을 통해서 메시아가 두 번 오게 하시는데 둘 다 이스라엘에 오시는 것이다. 초림을 통해 이스라엘에 믿음의 자녀들이 생겼고, 그 유대인 믿는 자녀들로 인해서 열방이 축복을 받고 복음이 열방으로 퍼졌다. 이것은 열방을 향한 놀라운 축복이었다. 이스라엘은 **태의 역할**을 감당했던 것이다. 이스라엘과 그분은 운명을 함께 하기 위해 그분의 이름과 이스라엘을 함께

엮으서서 '이스라엘의 하나님'이라 불리게 하신 것이다. 그뿐만 아니라 예수님을 이스라엘이라 부르셨다. **"내게 이르시되, '너는 나의 종이요 내 영광을 네 속에 나타낼 이스라엘이라' 하셨느니라"** (사 49:3). 그분과 이스라엘은 떼려야 뗄 수 없는 관계다. 이것은 분명히 이스라엘을 향한 그분의 영원한 사랑을 보여 주시는 것이다.

이스라엘이 구원받는 최적의 상황

그분의 큰 구원 계획에서 이스라엘은 당연히 뺄 수 없는 것이다. 언약을 맺은 대상이 빠질 수는 없기 때문이다. 하나님은 이사야 선지자를 통해서 노아에게 홍수로 다시는 심판치 않으실 것을 맹세하신 것 같이 이스라엘도 다시는 책망치 않을 때가 올 것임을 말씀하셨다(사 54:9-10). 또한 자연법은 없어질지라도 이스라엘과 맺은 언약들은 반드시 성취하실 것임을 예레미야 선지자를 통해 두 번이나 거듭 말씀하셨다(렘 31:35-36; 33:20-21). 신약에서도 그 약속을 다시 확고히 하셨다(히 6:13-18).

그렇다면 이렇게 확고히 하신 약속이 성취되는 타이밍을 우리는 어떻게 알 수 있을까? 성경은 그것에 대해서 잠잠하지 않는데 특별히 로마서 11장 25-26절은 그것과 관련된 중요한 단서를 우리에게 주고 있다. 그것은 이방인의 충만한 숫자가 채워지면(25절) 예언적으로 어떤 일(26절)이 벌어질 것을 말해주고 있다.

형제들아, 너희가 스스로 지혜 있다 하면서 이 신비를 너희가 모르기를 내가 원하지 아니하노니 이 신비는 이방인의 충만한 수가 들어오기까지(until) 이스라엘의 더러는 우둔하게 된 것이라 그리하여 온 이스라엘이 구원을 얻으리라 (롬 11:25-26).

이방인의 충만한 숫자가 채워질 때, 주님의 재림이 가까이 왔고 또 에스겔 37장의 마른 뼈의 환상처럼 이스라엘이 영적으로 회복할 때가 가까이 왔다는 징조(sign)가 된다는 것이다. 여기서 우리가 꼭 짚고 넘어가야 하는 것은 앞에서 언급한 모든 내용들이다. 주님께서 재림하는 목적지(예루살렘), 주님께서 재림하시는 이유(이스라엘 나라의 회복-행 1:6), 누구를 통해(이방 교회) 이스라엘을 회복하실 것인지 등이다.

또 내게 이르시되, 인자야 너는 생기를 향하여 대언하라 생기에게 대언하여 이르기를, "주 여호와께서 이같이 말씀하시기를 '생기야 사방에서부터 와서 이 죽음을 당한 자에게 불어서 살아나게 하라' 하셨다" 하라 이에 내가 그 명령대로 대언하였더니 생기가 그들에게 들어가매 그들이 곧 살아나서 일어나 서는데 극히 큰 군대더라 (겔 37:9-10).

이스라엘은 1948년에 물리적으로 국가가 회복되었지만, 아직 영적으로는 회복되지 않았다. 적은 수의 메시아닉 유대인들이 있지만 궁극적인 이스라엘 나라의 영적회복이 오는 때는 '이방인의 수가 채워진 그 이후'가 된다는 것이다. 그렇다면 이방인의 숫자가 채워지고 난후 이방인들의 역할이 무엇일까? 숫자만 채워지면 자동적으로 이스라엘이 회복될 것인가? 아니다. 이방 교회가 이스라엘로 시기 나게 하는 역할을 감당하게 될 것이다. 마지막 때 성숙한 교회, 점도 없고 주름도 없는 준비된 영광스런 신부(엡 5:27)가 나오도록 주님은 마지막 때 '최적의 상황'을 만드실 것이다. 최적의 상황이라는 것은 요한계시록의 상황을 말한다. 이때는 오직 하나님만 의지하지 않으면 안 되는 상황이다. 우리가 볼 때는 요한계시록의 상황이 최악의 상황 같아 보이지만 하나님은 최적의 상황으로 보신다. 마지막 때 하나님은 이 최적의 상황을 통해 이방인 믿는 자들을 가장 깊은 성숙한 사랑으로 이끄셔서 이스라엘로 시기 나게 하실 것이다.

…그들이 넘어지기까지 실족하였느냐? 그럴 수 없느니라 그들이 넘어짐으로 구원이 이방인에게 이르러 이스라엘로 시기 나게 함이니라 (롬 11:11).

이스라엘로 시기 나게 하는 것-이방인의 충만함의 질

이스라엘로 시기 나게 한다는 것은 정확히 무슨 의미일까? 어떻게 이스라엘이 시기가 나게 될까? 누군가를 시기 나게 하기 위해서는 잘 나가야 한다. 영적으로 이스라엘을 시기 나게 하기 위해서는 영적으로 잘 나가야 시기를 일으킬 수 있는 것이다. 그렇다면, 이방인의 충만함은 숫자의 충만함(양)도 물론 포함되겠지만 더 중요한 것은 이방인의 충만함의 질(quality)이다. 여기서 양과 질이 모두 필요하다. 양은 타이밍을 알려주고, 질은 능력을 발휘케 한다. 사랑에는 단계가 있다. 마지막 때 우리가 보게 될 사랑은 불을 통과하는 깊은 차원의 사랑의 단계일 것이다. 이스라엘이 위기 중 이방 교회로부터 받는 깊은 사랑을 경험하는 때 이스라엘은 시기가 나게 될 것이다. 질투가 나게 될 것이다. 그 사랑을 그들도 가지고자 갈망하게 될 것이다. 간절히 원하는 마음의 상태가 생긴다는 말이다. 자신의 유익을 위해서 남을 섬기는 낮은 차원의 이기적인 사랑은 마지막 때 상황에는 통하지 않게 될 것이다. 뜨거운 이타적인 사랑이 아니고서는 이 불시험을 통과하지 못할 것이다. 그래서 사도 베드로는 마지막 때 더욱 뜨겁게 사랑할 것을 명하고 있다. **"만물의 마지막이 가까이 왔으니 그러므로…무엇보다도 뜨겁게 서로 사랑할지니 사랑은 허다한 죄를 덮느니라" (벧전 4:7-8).** 불시험을 받을 때 그 불보다 더 큰 사랑의 불만이 우리를 안전히 지켜 줄 수 있을 것이다. 이것은 불시험을 피하는 것이 아닌 불로 뛰어드는 것이다.

에베소서 4장 13절은 교회의 충만함에 대해서 말하고 있다. **"우리가 다 하나님의 아들을 믿는 것과 아는 일에 하나가 되어 온전한 사람을 이루어 그리스도의 장성한 분량이 충만한 데까지 이르리니"** (엡 4:13). 사도 바울은 자유인이었는데 에베소서 4장 1절에서는 **"갇힌 내가"**라고 표현하고 있다. **주 안에 갇힌 내가…너희가 부르심을 받은 일에 합당하게 행하여… (엡 4:1).** 사도 바울은 스스로 주 안에 갇힌 자가 되길 원했다. 주 안에 갇힌 자가 된다는 것은 그분의 뜻에 온전히 순종하는 사역(하나님의 일)의 멍에를 말한다. 그런데 억지로 하는 것이 아니라, 기쁨으로 순종하는 자가 된다는 것이 육체의 노예 된 자와 다른 것이다. 영어 표현에 'bond servant'라는 말은 자발적으로 주인이 자신을 아낀다는 것을 알고 '스스로 노예 된 자'를 말한다.

사도 바울이 스스로 자원해서 노예가 될 수 있었던 것은 주님의 사랑으로 자신이 메여 있었기 때문이었다. 주님의 사랑이 너무도 좋아서 그분의 뜻을 어떻게라도 자신의 육체에 채우고 싶었던 것이다. 주님과 같이 동일한 멍에를 맨 것이다. 죽어 가는 **이방인들**의 영혼을 구원하는 일(불)에 자신도 뛰어든 것이다. 영혼을 구원하는 것이 죽음을 통과하는 일임을 알면서도 주님께서 이사야 선지자에게 자신의 심정을 토로했을 때 스스로 사명의 역할을 자원했던 것처럼(나를 보내소서-사

6:8), 사도 바울도 스스로 자원해서 이방인의 사도의 역할을 자청한 것이다. 이 부르심은 누가 시작했나? 주님이 하셨다. 하지만, 주님은 강제가 아닌 자원하는 마음을 그 안에 일으키시고 원함을 주셔서 사랑하는 마음으로 기꺼이 순종케 하셨다. 사도 바울은 주님의 크신 사랑을 보고 그도 그 사랑을 소유하고 싶어 했을 것이다. 그리고 우리는 사도 바울의 이방인을 향한 그 사랑의 질(quality)을 또한 소유하고 싶어 한다. 성숙한 사랑 말이다. 이런 종류의 사랑은 고난 없이는 얻을 수 없는 사랑이다. 이 사랑은 불로 연단된 사랑이기 때문이다. 두려움이 모두 내쫓긴 바 된 온전한 사랑 말이다. 고난보다 이 사랑을 얻고자 할 때 우리는 모든 것을 버리고 이것을 얻고 싶어 안달이 날 것이다. 이것이 질투가 나는 것이다.

마지막 때 주님은 이런 차원의 질투를 이방 교회를 통해 이스라엘에게도 나타나도록 하실 것이다. 룻이 나오미를 붙좇고자 하였을 때 (룻 1:16) 나오미의 마음이 어땠을까? 룻을 향한 사랑이 물밀듯 올라오지 않았을까? 그리고 그 사랑을 자신도 가지고 싶지 않았을까? 나중에는 룻처럼 하나님을 사랑하고 싶지 않았을까? 성경에는 나오미의 내면이 기록되어 있지는 않지만 우리는 분명히 나오미가 느꼈을 법한 감정을 상상해 볼 수 있다. 내가 돈이 많을 때 친구들이 나를 따라온다는 것은 누구나 할 수 있는 것이다. 하지만 아무것도 없는 빈털터리가 된 나를 누군가가 신뢰하고 쫓아올 때 그 임팩트는 차원이 다른 것이다. 룻은 연약한 여인이었지만 그녀의 사랑은 뜨거운 사랑이었다.

사도 바울의 사랑은 불로 연단된 깊은 사랑이었다. 고아 같던 이방인에게 아무것도 없을 때 사도 바울은 스스로 영적 아비가 되어서 이방인들을 위해 모든 것을 쏟아부었다. 우리는 먼저 이스라엘에게 큰 빚을 진 것이다. 아비는 낳아 주는 것뿐만 아니라 아무것도 없는 자녀에게 사랑으로 모든 것을 조건 없이 주는 공급자이며 인도자이며 보호자가 되어 주는 사람이다. 그렇기에 사도 바울은 '일만 스승이 있지만 아비가 없다'라고 하였다. 사도 바울은 이방 교회에게 자신과 같이 아비가 될 것을 권면하고 있다.

그리스도 안에서 일만 스승이 있으되 아비는 많지 아니하니 그리스도 예수 안에서 복음으로써 내가 너희를 낳았음이라 그러므로 내가 너희에게 권하노니 너희는 나를 본받는 자 되라 (고전 4:15-16).

아비의 사랑은 깊은 차원의 사랑이다. 그래서 말라기 선지자는 마지막 때 아비들을 일으키는 엘리야를 보내실 것에 대해 선포하였다. **"엘리야를 너희에게 보내리니 그가 아비의 마음을 자녀에게로 돌이키게 하고…"** (말 3:6).

아비의 사랑도 깊은 차원이지만 불타는 신랑 예수님의 사랑을 깨달은 불타는 신부의 사랑은 가장 깊은 차원이 될 것이다. 아가서 8장은 영광스러운 신부의 단면을 보여 준다. 이 사랑은 그 어떤 홍수도 끌 수 없는, 끄는 것이 불가능한 불이다.

너는 나를(예수님) 도장 같이 마음에 품고 도장 같이 팔에 두라 사랑은 죽음 같이 강하고 질투는 스올 같이 잔인하며 불길 같이 일어나니 그 기세가 여호와의 불과 같으니라 많은 물도 이 사랑을 끄지 못하겠고 홍수라도 삼키지 못하나니 사람이 그의 온 가산을 다 주고 사랑과 바꾸려 할지라도 오히려 멸시를 받으리라 (아 8:6-7).

이스라엘이 이방 교회들 안에 아비의 마음과 신부의 마음을 보게 될 때 이스라엘은 강한 질투가 일어날 것이다. 자신의 하나님을 찾게 될 것이다. 우리의 자원함이 없다면 진정한 사랑의 능력이 나타나질 않을 것이다. 사랑은 긍휼을 품는 차원을 훨씬 뛰어넘어 능력이 나타나는 것이다. 사랑이야말로 정말 강력한 능력이다. 마지막 때는 그 사랑의 능력이 은사적 능력과 함께 표현되어 나타날 것이다.

고린도전서 12-14장은 그 그림을 보여 주고 있다. 고린도전서 12장은 은사에 대한 장이다. 주님께서 교회에 풀어 주시는 많은 은사들을 나열하면서 이 장 마지막 부분엔 우리들이 더 사모해야 할 것이 있다고 말하고 있다.

각 사람에게 성령을 나타내심은 (그리스도의 몸을) 유익하게 하려 하심이라. 어떤 사람에게는 성령으로 말미암아 지혜의 말씀을 어떤 사람에게는 같은 성령을 따라 지식의 말씀을…믿음을…병 고치는 은사,

능력행함…예언함…영들 분별함…각종 방언 말함…방언 통역함을 주
시나니…너희는 **최고의 은사들**(the best gifts)을 사모하라 내가 또한
가장 좋은 길을 너희에게 보이리라 (고전 12:7-10; 31).

한국어 성경 번역은 더욱 큰 은사를 사모하라고 되어 있지만, 킹
제임스 번역본을 비롯한 다른 영어 번역본들을 보면 '최고의 은사
들'(best gifts)을 사모하라고 하여 단수가 아닌 복수로 되어 있다. 그
바로 다음 장에 우리가 가장 익숙한 고린도전서 13장 사랑장이 나온
다. 고린도전서 13장은 사랑으로 하지 않는 모든 은사들이 꽹과리와
같고, 사랑이 없으면 아무것도 아니라고 말하고 있다. 이것은 무슨 말
인가? 우리가 성령을 통해서 수많은 은사들을 풀어내지만 잘못된 동
기들(인간의 자랑, 돈, 속임, 조종)을 통해서 한다면 아무것도 아닌 것
이 된다는 것이다(고전 3:15). 이 뜻은 또한 우리가 잘못된 동기들로
한다고 해도 은사들이 아직도 발휘가 된다는 뜻이 된다. 하지만, 하나
님께서 최상의 은사들(best gifts)을 사모하라고 하시는데 그것은 사랑
을 첫 자리로 추구하면서 성령의 은사들을 사모할 때 최상의 은사들로
발휘하게 된다고 성경은 말하고 있고, 그럴 때 은사들은 최고의 은사
들(the best gifts)이 되는데 바로 그것을 사모하라고 하는 것이다. 고
린도전서 12장 바로 뒤에 고린도전서 13장의 사랑장이 나오는 것은 바
로 고린도전서 14장 1절을 계시해 주기 위해서이다. **"사랑을 추구하며
영적인 것들을 사모하되…"** (고전 14:1). 영적인 것을 추구하며 사랑을

사모하는 것이 아니라 그 순서가 반대다. 사랑은 목적이다. 하나님은 사랑이시기 때문이다. 사랑은 수단이 아니다. 목적은 하나님의 사랑을 그리스도의 몸에 풀어내는 것이다. 그래서 '사랑을 추구하며'가 먼저 온다. 우선순위는 굉장히 중요하다. 하나님을 사랑하는 것이 먼저고 다음이 이웃이다; 유대인이 먼저고 다음이 이방인이다; 사랑을 추구하는 것이 먼저고 다음이 영적인 은사다. 성령의 은사들은 이 사랑을 풀어내기에 훌륭한 무기들이다. 그중에 가장 큰 무기가 예언이라고 고린도전서 14장 1절은 꼬집어서 계시하고 있다. "…**특별히 예언을 하려고 하라**" (고전 14:1). 얼마나 예언의 은사가 강력하고 중요하면 바울은 그 뒤에서도 특별히라는 말까지 넣어 가며 두 번이나 더 강조하고 있을까? "…**특별히 예언하기를 원하노라**" (고전 14:5). "**그런즉 내 형제들아 예언하기를 사모하며**…" (고전 14:39). 이것은 본질적으로 사랑에 대해서 강조하는 것이다. 하나님의 사랑이 표현된 말이 예언의 말이기 때문이다. 그렇기 때문에 하나님의 마음인 예언의 영을 가지라고 하는 것이다. 그럴 때 성도 안에서 하나님의 사랑의 능력이 위로와 권면으로 나타나고 그리스도의 몸이 세움을 받는 것이다.

> **그러나 예언하는 자는 사람에게 말하여 덕을 세우며, 권면하며, 위로하는 것이요…예언하는 자는 교회의 덕을 세우나니 나는 너희가 다 방언 말하기를 원하나 특별히 예언하기를 원하노라** (고전 14:3-5).

하나님의 사랑을 추구하며 은사들을 발휘할 때, 성령의 은사가 최고의 상태로 발휘된다는 것이다. 영분별, 방언통변, 말씀 은사, 예배와 중보 은사들이 하나님의 사랑을 추구할 때 모든 은사들이 보석같이 최고의 은사들(best gifts)로 빛을 발하게 된다는 것이다. 왜냐하면 성령의 은사의 목적이 그리스도의 몸에 유익을 주는 것인데, 사랑이 동기가 될 때 그리스도의 몸에 '제대로' 유익을 줄 수 있게 된다고 하는 것이다. 세상은 자신이 가진 것을 가지고 이용하려고 한다. 자신의 재능을 가지고 자신의 영광을 위해, 자신의 유익을 위해서 하려고 한다. 무엇을 하든지 자신의 이름만 높아진다면, 무엇을 하든지 자기에게 유익만 된다면… 그들은 하려 할 것이다. 하지만, 자신의 이름이나 유익이 빠지면 하는 시늉은 낼 수 있어도 진심으로 하려 하지 않을 것이다. 마지막 때 하나님의 종들은 자신의 영광이 아니라 하나님의 영광을 위해서 자발적인 충만한 사랑으로 그리스도의 몸을 섬기기 위해 충만한 은사를 발휘하게 될 것이다. 자신의 유익이 아닌 그리스도의 몸에 유익을 주기 위해서, 또 이스라엘을 위해서 깨어나게 될 것이다.

에베소서 4장은 고린도전서 12장과 유사하게 직책(부르심)을 나열하고 있다. 사도 바울은 가장 중요한 포인트로 부르심을 지목하고 있다. 왜냐하면 하나님이 교회(그리스도의 몸) 안에 선물의 분량과 은혜를 '부르심에 따라' 주셨기 때문이다. **"우리 각 사람에게 그리스도의 선물의 분량대로 은혜를 주셨나니**…그가 어떤 사람은 사도로…선지자로..목사와 교사로…그리스도의 몸을 <u>세우려 하심이라</u>"(엡 4:7, 11-12).

그런 후, 이 몸에 대해서 부르심과 은사가 최상의 상태로 나타나기 위해서는 사랑이 있어야 됨을 고린도전서 13장과 14장에서 말하고 있는 것처럼 동일한 구조 안에서 말하고 있는 것을 볼 수 있다. 성령의 은사에 대해서 언급한 후 사랑을 추구하라고 하고 있다. 그럴 때 몸이 세워지기 때문이다. "<u>오직 사랑 안에서 진리를 말하여(speak truth in love)</u>…<u>각 지체의 분량대로 역사하여 그 몸을 자라게 하며 사랑 안에</u> <u>서 스스로 세우느니라</u>"(엡 4:15-16). 이 몸이 세워지는 것은 사랑 안에서 세워진다고 하는데 은사가 사랑 안에서, 사랑의 동기로 발휘될 때, 그리스도의 장성한 자의 분량(질-quality)이 된다고 한다. 이것이 마지막 때 이방 교회가 이스라엘을 시기 나게 하는 차원의 분량이다. 바로 **충만함(Fullness)**이다. 사랑이 은사와 함께 충만함으로 발휘되는 것이다. "<u>그리스도의 장성한 분량이 충만한 데까지</u>…범사에 그에게까지 자 <u>랄지라 그는 머리니 곧 그리스도라</u>"(엡 4:13, 16).

이것은 무엇을 말해 주는가? 사랑과 은사는 떨어질 수 없다는 것이다. 그리고 이것이 교회가 장성한 자의 분량까지 자랄 수 있는 핵심이라는 것이다. 모든 각양 은사들이 자신이 성령을 통해서 '받은 분량대로' 사랑이 동기가 되어서(하나님의 사랑에 메여) 자발적으로 서로를 섬기려 할 때 주님의 사랑이 몸 가운데서 가장 강력하게 나타나진다는 것이다. 기적과 이사는 수단이고, 하나님을 더 사랑하게 되는 열매는 목적이다. 사랑이 은사들과 함께 나타날 때 더 능력 있게 사랑의 일을 감당할 수 있는 몸으로 장성하여 그리스도의 몸에 충만함을 가져다줄 수 있다는 것이다. 마지막 때 이런 성숙함의 충만함이 나타난다는 것이다. 이런 충만함이 나오는 최적의 상황은 요한계시록의 상황이다. 이스라엘을 시기 나게 할 만큼의 사랑의 충만한 상태가 은사들과 함께 충만하게 풀어진다는 것이다. 요한계시록에서 우리는 선과 악의 충만함이 모두 보여지는 것을 볼 수 있다. 주께 자원함으로 순종하는 이 사랑의 열매가 전 세계적인 차원으로 이방인 교회 가운데 일어날 때 율법적인 이스라엘은 분명히 질투가 나게 될 것이다.

주의 권능의 날에 주의 백성이 <u>거룩한 옷을 입고 즐거이 헌신하니</u> 새벽 이슬 같은 주의 청년들이 주께 나오는도다 (시 110:3).

왜 질투가 나겠는가? 그것은 종교의 영으로 아무리 노력을 해도 이런 종류의 사랑을 흉내 낼 수가 없기 때문이다. 법에 메인 이스라엘이 사랑에 메인 이방 교회의 희생적인 사랑의 표현을 볼 때 그들 안에 거룩한 질투심(Holy Jealousy)이 생길 것이다.

전체를 다시 정리해서 말하면, 이스라엘로 시기 나게 하는 것은 이방인의 충만함의 질(엡 4:13)인데 그것은 다음과 같다.

1. 자원하는 종(엡 4:1)
2. 아비의 마음(고전 4:15-16; 말 3:6)
3. 신부의 사랑(아 8:6-7)
4. 최고의 은사들(고전 12:31-14:1, 특별히 예언하려고 하라)

룻과 나오미 모두 생명의 회복자를 만난다

룻은 유대인 나오미를 붙좇았을 때 나오미를 통해서 하나님을 만났고, 나오미(이스라엘)는 룻을 통해서 생명의 회복자를 얻게 되었다. **"이는 네 생명의 회복자이며…곧 너를 사랑하며 일곱 아들보다 귀한 네 며느리가 낳은 자로다 하니라" (룻 4:15). 룻은 나오미를 통해 나오미는 룻을 통해 보아스를 만나게 된 것이다.** 주님은 룻과 나오미 둘 다를 원하신다.

마지막 때 이방인 교회 안에 예수님의 생명이 사랑으로 충만하게 될 때, 이스라엘은 질투가 나서 산파의 역할을 하는 이방인을 통하여 예수님을 그들의 메시아로 받아들이게 될 것이다(마 23:39; 슥 12:11; 사 59:20; 겔 36:33; 욜 2:18; 호 14:4; 습 3:15).

이것은 룻기에 그려진 '이스라엘과 이방인의 예언적인 여정의 그림'

이다. 룻이 나오미를 붙잡았을 때 룻은 주님을 붙잡을 수 있었고, 나오미가 룻의 헌신적 사랑을 경험할 때 나오미는 룻을 축복하게 되고 나오미 또한 룻을 통해 **생명의 회복자**를 만나게 되었다.

마지막 때 주님은 룻과 같이 이스라엘을 품는 자들을 전 세계에서 일으키실 것이다. 룻과 같이 아무것도 가진 것이 없을 때 야곱의 환란 (렘 31:7)의 위기에 처한 이스라엘을 품는 것은 하나님의 깊은 것을 품게 되는 결과를 가져오게 될 것이다. 이것은 인간이 측량할 수 없는 주님의 지혜로운 전략이다. "<u>오 깊도다 하나님의 지혜와 지식의 풍성함이여, 그의 판단은 헤아리지 못할 것이며 그의 길은 찾지 못할 것이로다</u>" (롬 11:33). 주님의 측량할 수 없는 깊은 전략으로 오직 주님만 홀로 영광을 받으실 것이다.

내가 또 들으니 하늘 위에와 땅 위에와 땅 아래와 바다 위에와 또 그 가운데 모든 피조물이 이르되, "<u>보좌에 앉으신 이와 어린 양에게 찬송과 존귀와 영광과 권능을 세세토록 돌릴지어다</u>" 하니 (계 5:13).

그 날에 눈이 높은 자가 낮아지며 교만한 자가 굴복되고 <u>여호와께서 홀로 높임을 받으시리라</u> (사 2:11).

작가의 말

이 책은 2015년 예루살렘 방문 때 주님께서 나팔(shofar)을 불라는 감동을 주서서 2017~2018년에 쓴 것을 올해(2024년) 1월에 출판하라는 감동을 받고 출판을 위해 다시 쓴 것이다. 2023년 5월 7~28일 '이사야 62장 21일 금식 성회'가 있었다. 이 성회를 통해 전세계 교회와 선교단체에서 적어도 500만 명의 중보자들이 이스라엘을 위해 기도하기로 헌신하였다. 그 후 몇 달 뒤인 10월에 갑작스럽게 이스라엘과 하마스 간의 전쟁이 발발했고 이스라엘을 위한 영적 중보단체인 캔자스시티 국제기도의 집에도 같은 시기에 큰 영적전쟁의 회용돌이가 몰아쳤다. **'룻: 마지막 때 몰약의 향'**은 이와 같은 때에 전략적으로 주님께서 출판하게 하신 책이기에 의미가 크다.

2023년 7월 27일은 한국전 정전협정 70주년이었는데 주님은 우리 가정을 정전협정 당일에 한국 땅을 7년 만에 밟게 하셨다. 전혀 계획된 것이 아니었다. 우리는 온전히 이해하지 못했지만 완벽한 주님의 타이밍 안에 있었다. 주님은 '이사야 62장 21일 금식 성회' 후 주님께서 주신 나의 이름이 '이스라엘'이기 때문에 나를 상징적으로 70주년 정전 협정일 당일에 한국에 보내신 것 같다는 감동을 받았다. 그리고 주님은 한반도가 통일되고 이스라엘을 위한 중보자들이 일어나도록 계속 중보하게 하셨다. 동, 서, 남, 섬(제주도)을 돌았고 북쪽은 통일전망대를 가게 하셨다. 전국을 운전하며 기도의 집들을 대상으로 말씀을 전하게 하셨다. 방문 며칠 뒤에 '태풍 카눈'이 70년 만에 최초로 남북을 가로질렀다. 8월 15일을 중심으로 서울에서는 시온대회가 평창에서 데이빗 텐트 기도의 집 집회가 열렸다. 모두 직간접적으로 이스라엘과 관련된 집회들이었다. 미국으로 귀국한 후 몇 달 뒤인 10월에 이스라엘과 하마스 간의 전쟁이 발발했고 같은 시기에 캔자스시티 국제기도의 집에도 영적인 위기가 왔다. 그런 와중 2024년 1월에 주님은 내게 갑자기 책 출판을 인도하시며 이스라엘을 위한 중보자가 한반도 전역에서 일어나도록 기도하라는 감동을 더 강하게 주셨다. 책 출판은 1월에 감동을 주신 갑작스러운 일이었다. 이 책은 룻과 같이 마지막 때 이스라엘을 위한 중보자들이 더 일어나게 될 것을 알리는 주님의 예언적 초청이자 외침이라 믿는다. 이 책은 룻과 같이 아무것도 없는 상황에 있는 자들과 특별히 탈북자들을 위한 책이다. 이 책이 준비되는 기간 동안 주님은 탈북자들에 관한 간증을 많이 듣게 하셨다. 믿는 탈북자들이 이스라엘을 위해 강력하게 서게 될 것을 믿는다. 동방의 예루살렘이라 불리던 평양이 이제 복음 통일되어 곧 열리고 40만 북한 지하교회 성도와 3만 5천 명의 탈북자들을 통해 주님은 새로운 바람을 일으키실 것이며 '이스라엘을 위한 중보의 큰 군대'가 한반도 땅에서 일어나게 하실 것을 바라본다. "또 내게 이르시되 인자야 너는 생기를 향하여 대언하라 생기에게 대언하여 이르기를 주 여호와께서 이같이 말씀하시기를 생기야 사방에서부터 와서 이 죽음을 당한 자에게 불어서 살아나게 하라 하셨다 하라 이에 내가 그 명령대로 대언하였더니 생기가 그들에게 들어가매 그들이 곧 살아나서 일어나 서는데 극히 큰 군대더라" (에스겔 37:9-10).